Joseph Kentenich

Geborgen im Vater-Gott

Ausgewählte Texte
zum Gott-Vater-Jahr 1999

D1718520

Patris Verlag • Vallendar-Schönstatt

Die Deutsche Bibliothek – CIP-Einheitsaufnahme

Kentenich, Joseph:
Geborgen im Vater-Gott : ausgewählte Texte zum Gott-Vater-Jahr
1999 / Joseph Kentenich. [Im Auftr. des Generalpräsidiums des
Internationalen Schönstattwerkes hrsg. und bearb. von Günther M.
Boll ...]. - Vallendar-Schönstatt : Patris-Verl., 1998
   ISBN 3-87620-205-1

Im Auftrag des Generalpräsidiums
des Internationalen Schönstattwerkes

herausgegeben und bearbeitet von
Günther M. Boll, M. Nurit Stosiek, Peter Wolf

Inhalt

Vorwort

I. Vaterbotschaft Jesu

1. Jesus kündet Gott als Vater
2. Ausgesprochene Vaterzüge im Gottesbild Jesu
3. Vatersendung Jesu
4. Das Vaterunser als Gebetsschule
5. Die Liebe des Vaters zum verlorenen Sohn
6. Gotteskindschaft im Neuen Testament
7. Die barmherzige Vaterliebe Gottes
8. Heimwärts zum Vater als Ausrichtung der Heilsgeschichte

II. Väterliche Vorsehung

1. Dreifache Vorsehung des Vatergottes
2. Krise des Vorsehungsglaubens heute
3. Leiden an der Unbegreiflichkeit Gottes
4. Berechtigte "Los-von-Gott-Bewegung"
5. Weltgrundgesetz der Liebe
6. Ein Narr der Liebe
7. Lieblingsbeschäftigung Gottes
8. Das geheimnisvolle Gewebe des Liebesplans

III. Vorerlebnisse im Blick auf Gottes Vaterschaft

1. Transparente des unsichtbaren Vatergottes
2. Notwendigkeit von Vorerlebnissen
3. Das Vatererlebnis als Wurzel des Gottesglaubens
4. Vom Hängen an Menschen zum Hängen an Gott
5. Der Weg zum Vatergott bei der kl. hl.Theresia
6. Symbol für den lächelnden Vatergott
7. Orientierung am Vatersein Gottes

Vorwort

Am Anfang stand die Einladung des Heiligen Vaters, sich gemeinsam auf das Jahr 2000 vorzubereiten. Inzwischen ist für uns ein Weg daraus geworden, der uns über Länder und Kontinente hinweg verbindet. Ein weltweites Echo weckt Leben und neue Glaubensfreude, verstärkt Interesse und ermutigt, den Glauben ins nächste Jahrtausend zu tragen. Viele machen die Erfahrung, daß die großen Wahrheiten unseres christlichen Glaubens in der vergegenwärtigenden Verkündigung und Umsetzung Pater Joseph Kentenichs hinein in den Lebensaufbruch seiner Gründung neue Strahlkraft bekommen haben.

Nach den Textsammlungen zum Christus- und Heilig-Geist-Jahr, die in mehreren Auflagen und Übersetzungen erschienen sind, war von vielen Seiten die Erwartung laut geworden, daß zum Gott-Vater-Jahr eine ähnliche Veröffentlichung entstehen sollte. Schon bald nach Beginn der Sammelphase wurde deutlich, daß zu diesem Thema eine unüberschaubare Fülle von Texten vorliegt. Stärker noch als beim Christus- und Heilig-Geist-Thema ist die Verkündigung des Vatergottes bei unserem Gründer mit einem tiefen Sendungsglauben verbunden. Persönliche Lebensgeschichte und die geschichtliche Entfaltung der Schönstattfamilie lassen in ihm die Überzeugung reifen, für eine ausgesprochene Vatersendung zu stehen.

In einem Jahrhundert größter Erschütterungen des Glaubens an einen vorsehenden und liebenden Vatergott durch zwei Weltkriege und die Ungeheuerlichkeiten von Auschwitz bis Archipel Gulag wird er zum unermüdlichen und großen Künder der Vaterschaft Gottes. Mitten in einer Zeit und Kultur, die geprägt sind durch eine Entwicklung zur vaterlosen Gesellschaft (A. Mitscherlich) und durch die Ansage vom Ende des Patriarchats in der feministischen Literatur, bringt Pater Kentenich die Vaterbotschaft Jesu mit prophetischem Elan neu zum Leuchten.

Er vertritt die Botschaft von Gottes Vaterschaft nicht als ein weltfremder Frommer, als ewig Gestriger, unberührt von der Geschichte unserer Zeit, in stiller Klause oder am Schreibtisch eines Gelehrten. Sein eigenes Leben ist voller Zumutungen, die den Glauben an den Vatergott durchaus hätten zerbrechen können: Er muß ohne die Zuwendung seines leiblichen Vaters aufwachsen. Er durchlebt als Student eine existentielle Krise des Glaubens, er erleidet Dunkelhaft und Konzentrationslager durch den Nationalsozialismus und erfährt über vierzehn Jahre Verbannung im Namen der Kirche. Sein Glaube ist durch die Feuer unseres Jahrhunderts gegangen. Er kennt dessen harsche Kritik und schreiende Einwände und weiß aus Erfahrung um den Wagnischarakter des Glaubens.

Pater Joseph Kentenich hat im gesamten Zeitraum seines Wirkens immer wieder die *Vaterbotschaft Jesu* verkündet und sich dabei umfassend am biblischen Zeugnis orientiert. Mit spürbarer Liebe entfaltet er die Vaterzüge im Gottesbild Jesu und spricht von einer ausgesprochenen Vatersendung Jesu. Wiederholt hat er das "Vaterunser" als Gebetsschule jedes Christen dargestellt und auf einfühlsame Weise das Gleichnis vom barmherzigen Vater und vom verlorenen Sohn (Lk 15,11-32) in unsere Zeit übersetzt. Im Bild des barmherzig liebenden Gottes sind für ihn auch die mütterlichen Züge des Antlitzes Gottes eingeborgen, die darüber hinaus in Maria ihr frauliches und mütterliches Transparent haben.

Was bei Jesus in seiner Verkündigung und seinem Lebensgeheimnis grundgelegt war, sieht Pater Kentenich in der Theologie und Verkündigung der jungen Kirche – besonders bei Paulus und Johannes – aufgegriffen und umgesetzt. Wenn er zunehmend stärker und gegen Ende seines Lebens mit großer Eindringlichkeit und wachsender Gewißheit die Züge des *barmherzigen* Vaters betont und dem modernen Menschen als befreiende Botschaft kündet, weiß er sich ganz auf der Spur paulinischen Denkens und Sprechens von Gott.

Ja, er sieht eine Sendung für sich und seine geistliche Familie, die Botschaft vom barmherzig liebenden Vatergott in die künftige Zeit und Kirche hineinzutragen. Ganz vom biblischen Denken inspiriert ist sein Gottesbild auch, insofern es ganz mit der Dynamik der Heilsgeschichte verbunden bleibt und im Sinne der Apokalypse alles zu begreifen sucht in der letztgültigen Ausrichtung auf den Vatergott. Die Geschichte der Menschheit und des Kosmos betrachtet er als eine siegreiche Heimholung der Welt zum Vater. Und was am Ort des Sterbens unseres Gründers steht, gilt für das Lebens eines jeden Christen: Heimwärts zum Vater geht unser Weg.

Was unser Gründer von der Vaterbotschaft Jesu aufgreift, hat als innere Konsequenz für Theologie und Leben ein *Ernstnehmen der liebenden Sorge und Führung des Vaters im praktischen Vorsehungsglauben.* Der aktive und praktische Vorsehungsglaube ist der Ernstfall des Glaubens an die Vaterbotschaft Jesu. Gerade hier aber tun sich für den heutigen Menschen schwerwiegende Fragen und Probleme auf. Kentenich übersieht nicht das moderne Leiden an der Unbegreiflichkeit Gottes und gesteht den Verfechtern einer "Los-von-Gott-Bewegung" durchaus berechtigte Einwände zu. Hellsichtig konstatiert er Verzeichnungen des wahren Gottes- und Vaterbildes in unserer Kultur und der Tradition des Christentums. Entschlossen entlarvt er falsche Gottesbilder und offensichtliche Verzeichnungen und Verzerrungen des Vaterbildes. Ja, er wendet sich entschieden gegen eine einseitige Sicht Gottes in der

Tradition des Abendlandes, die er viel stärker von der Gerechtigkeit als von der Liebe bestimmt und geprägt sieht.

Im "Weltgrundgesetz der Liebe", das er in Anlehnung an Franz von Sales darlegt, geht es ihm um ein Gottesbild, das konsequent von der Liebe (vgl. 1 Joh 4,8) ausgeht und sich von ihr bestimmen läßt. Er ist überzeugt, daß letztlich nur der vertrauende Glaube an Gottes Vorsehung die großen Lebensfragen des modernen Menschen beantworten kann. Er versucht, in den Einzelnen und Gemeinschaften, die sich seiner geistlichen Führung anvertrauen, ein Bewußtsein großzuziehen, das ernst macht mit dem biblischen Gedanken, Gottes Augapfel und Lieblingsbeschäftigung zu sein. Freilich bleibt nach seiner Überzeugung zu unseren Lebzeiten immer das Hell-Dunkel des Glaubens, der erst im Himmel jenes wirre Gewebe der Fäden auf der Rückseite des Teppichs in der inneren Ordnung seines Musters erkennen darf, wie er es in einem oft verwendeten Bild sagt.

Der begabte Pädagoge und Seelenführer Joseph Kentenich wiederholt aber nicht nur die biblische Botschaft vom Vatergott, sondern fragt nach den Möglichkeiten und Bedingungen ihres Verständnisses für den Menschen von heute. Es zeigt sich ihm immer deutlicher, wie sehr die Verkündigung angewiesen ist und bleibt auf *menschliche Transparente für den unsichtbaren Vatergott*. In der geistlichen Begleitung stößt er – wie viele Therapeuten – auf oftmals zerstörte und verformte Vaterbilder aus der Lebensgeschichte der Betroffenen und anerkennt die Notwendigkeit von neuen korrigierenden Vorerlebnissen als Voraussetzung für eine fruchtbare Aneignung der Vaterbotschaft Jesu. Er wird sich gewiß, daß ein "ganzheitliches Hängen" an Gott die Erfahrung eines liebenden Hängens an einem Menschen braucht. Als anschauliches Beispiel für das Ineinander der Erfahrung mit dem irdischen Vater auf dem Weg zum Vatergott verweist er gern auf die kleine heilige *Theresia von Lisieux* und deren Erfahrung mit ihrem Vater. Ihre Botschaft vom barmherzigen Vater und dem Weg der Kindlichkeit erschien ihm für die Kirche so bedeutsam und kostbar, daß ihm für sie der Titel einer Kirchenlehrerin angemessen schien, längst bevor Papst Johannes Paul II. durch die Erhebung zur Kirchenlehrerin dies vor wenigen Monaten vollzogen hat.

Da Pater Kentenich den *Zusammenhang zwischen Vatererlebnis und Gottesfrage* so elementar und grundlegend einschätzt, legt er in seiner seelsorgerlichen Arbeit – gerade mit Männern und Vätern – großen Wert darauf, ein Vaterbild zu zeichnen und vorzuleben, das sich letztlich am Vatersein Gottes orientiert. In seinen Augen genügt es eben nicht, lediglich das biblische Vaterbild korrekt zu künden. Es will eingeholt werden in der Haltung und Praxis irdischer und geistlicher Vaterschaft, die im Sinn priesterlicher Väterlichkeit und Mütterlichkeit jedem aufgegeben ist, der Menschen zu führen hat. Diese Vaterschaft hat er selbst seiner geistlichen Familie und vielen einzelnen gegenüber ein Leben lang überzeugend verwirklicht. Wir haben ihn als Transparent des Vatergottes erfahren und in ihm etwas von der liebenden Nähe Gottes gespürt.

Ziel der Verkündigung der Vaterbotschaft Jesu und der Vergegenwärtigung gelebter Vaterschaft als Anknüpfungspunkt und Erlebnismöglichkeit ist das tägliche *Leben mit dem Vatergott.* Unser Gründer zielt mit seiner Verkündigung und seiner Erziehung auf eine umfassende Vaterströmung und -spiritualität, die Geborgenheit und gleichzeitig Ermächtigung zum Leben vermitteln will. Viele seiner Ansprachen an die unterschiedlichsten Zielgruppen wollen Anleitung sein, den Vatergott mitten im Leben wahrzunehmen und sich in einen kindlichen Umgang mit ihm einzuüben. Behutsam erschließt er Wege, die führende Vaterhand Gottes mitten im vollen Menschenleben, auch in Härten des Lebens, in Unglück und Leiden zu entdecken. Er kennt die geistliche Tradition vom Liebesspiel in vielen Variationen, angefangen von den biblischen Zeugnissen des Hohenliedes bis hin zu denen der kleinen Heiligen von Lisieux.

Gegen Ende seines Wirkens steht unser Gründer staunend vor der Zielstrebigkeit der Führung des Heiligen Geistes. Menschlich ungeplant und unabsehbar ist aus dem ganz kleinen marianischen Anfang eine große zutiefst patrozentrische Bewegung geworden. In beständigem Nachtasten der Führungen des Geistes und in getreuer Orientierung an dem Gesamt des Glaubens ("angewandte Dogmatik") ist aus Schönstatt das geworden, was er gern "marianisches Vaterreich" nennt. Dankbar konstatiert er .die Berufung und Sendung der Gottesmutter, in Christus zum Vater zu führen. Er bezeugt, in der Geschichte der Bewegung in großem Ausmaß als Wirken der Gottesmutter beobachtet zu haben, was in der natürlichen Familie wie selbstverständlich die Aufgabe der Mutter ist: das Kind zum Vater zu führen.

Was in Schönstatt anfanghaft sichtbar und erlebbar geworden ist, will mehr und mehr als Sendung ergriffen und gelebt werden: *der Auf- und Ausbau des marianischen Vaterreiches.* Er signalisiert eine Sendung hinein in Kirche und Gesellschaft, die patrozentrische Grundausrichtung auf natürlicher und übernatürlicher Ebene zu verwirklichen. Dabei geht es nicht nur um die 'glaubensgeschichtliche Wende' einer stärkeren Akzentuierung der Gott-Vater-Frömmigkeit, sondern auch um die soziologische Bedeutung menschlicher Vaterschaft für Familie und Gesellschaft. Für Pater Kentenich sind die inneren Zusammenhänge zwischen menschlicher Vaterschaft und Gottes Vatersein so elementar, daß nur beides zusammen zu gewinnen oder zu verlieren ist. Diese Sicht des organischen Ineinanders, z.b. von göttlicher und menschlicher Vaterschaft, ist zutiefst verknüpft mit dem denkwürdigen Ereignis des 31. Mai 1949, dessen 50jähriges Jubiläum die Schönstattfamilie mitten im Gott-Vater-Jahr feiern wird. In einem gewichtigen Brief des Gründers, der dieses Datum trägt, geht es entscheidend darum, solches 'organisches Denken, Leben und Lieben' zu rechtfertigen und für die Zukunft des Christentums fruchtbar zu machen.

Es ist uns eine Freude, die Textsammlung zum Gott-Vater-Jahr 1999 der Schönstattfamilie und allen interessierten Kreisen übergeben zu können. Sie wurde erarbeitet im Auftrag des Generalpräsidiums unserer internationalen Bewegung. Auswahl, Bearbeitung und Zusammenstellung der Texte lag in den Händen von P. Günther M. Boll, Sr. Dr. M. Nurit Stosiek und Dr. Peter Wolf. Aus vielen Gemeinschaften unserer Schönstattfamilie wurden uns Texte, Gebete und Bilder zur Verfügung gestellt. Zu danken haben wir besonders der Generalleitung der Marienschwestern, den Frauen von Schönstatt und den Schönstattpatres für überlassene Abdruckrechte. Besonderer Dank gilt dem Patris Verlag mit P. Albert Eise und seinen Mitarbeiterinnen und Mitarbeitern.

Möge das Buch für viele in unserer geistlichen Familie und darüber hinaus eine Quelle und ein treuer Begleiter werden für das Gott-Vater-Jahr auf dem Weg zum Gnadenjahr 2000. Es sind Zeugnisse eines unermüdlichen Einsatzes für die Vaterbotschaft Jesu in unserem Jahrhundert. Diese Texte haben Leben geweckt und eine geistliche Familie hervorgebracht, die ohne die zutiefst patrozentrische Ausrichtung in ihrer Spiritualität nur unvollständig erkannt und verstanden werden kann. Es gilt, die-

sen Schatz und inneren Reichtum des christlichen Gottes-
bildes in das neue Jahrtausend hinüberzutragen. Wozu Papst
Johannes Paul II. mit seiner Initiative "Tertio Millennio
Adveniente" einladen wollte, ist uns ein heiliger Auftrag
unseres Gründers: das Vaterbild Gottes hineinzutragen in
die neueste Zeit.

Mit dem Gott-Vater-Jahr nähern wir uns immer mehr dem
Ziel, das die Einladung des Heiligen Vaters vorgab und
auf das wir uns mit unserem Vater und Gründer eingelas-
sen haben: *Mit Maria, durch Christus im Heiligen Geist
zum Vater.* Was mit dem Lesen und Erwägen der Texte
beginnt, möchte mehr und mehr zu einem Kreisen um den
Vatergott werden und im Liebesbündnis mit dem Vatergott
seine Vollendung finden. Es möchte uns ergreifen und zu
apostolisch engagierten Kündern der Vaterbotschaft in all
ihren auch gesellschaftlichen Dimensionen werden lassen.

Peter Wolf

Vaterbotschaft
Jesu

Du bist der Vater,

der uns alle liebt,
der uns alle kennt,
der für uns alle sorgt.

der keinen von uns je vergißt,
der keinen von uns je verstößt,
der keinen von uns je verläßt.

der unsere heimlichsten Nöte kennt,
der alle unsere Bitten lenkt,
der unsere kleinste Tat erwidert.

der sich den Kleinen offenbart,
der den Schwachen und Bedrängten hilft,
der sich der Sünder herzlich erbarmt.

der alle stets erleuchtet,
der alle stets ermuntert,
der alle stets unterstützt und stärkt.

der niemanden von seiner Liebe ausschließt,
der sich durch nichts verbittern läßt,
der treu bleibt bis ans Ende.

P. August Ziegler, 1913-1972,
Schönstattpater, Schweiz

Der barmherzige Vater, Stickerei,
Anbetungsschwestern, Schönstatt

Jesus kündet Gott als Vater

Der Heiland erzählt uns vom Vater und seiner väterlichen Gesinnung. Vater sein und väterlich sein ist nicht dasselbe. Wieviele Väter sind gerade heute Rabenväter. Denken wir einmal an einen Vater, der Trinker ist. Nun, Gott kann so nicht sein. Bei ihm ist Vatersein und väterliche Gesinnung haben ein und dasselbe. Aber doch möchten wir gerne einmal hören, was der Sohn vom Vater erzählt. Es ist die Frohbotschaft des Heilandes, was wir nun hören: Gott ist unser Vater. Er kommt zu seinem auserwählten Volk Israel. Was für eine Gottesvorstellung findet er dort? Der Pharisäismus ist groß geworden. Er wollte um jeden Preis legal sein. Um der Legalität willen ersannen sie dann neue Gesetze. Nach diesem Bilde ihrer selbst machten sich die Juden ihren Gott. Wie faßten sie zur Zeit Christi ihren Gott auf? Er ist genau so ans Gesetz gebunden wie sie. Im Himmel müßte er mit einem Synedrium den ganzen Tag klügeln über das Gesetz, was noch erlaubt sei. Er muß alles genau beobachten. Er muß den Sabbat halten. Im Himmel hat er einen Tempel. Darin hält er mit einem Gebetsriemen seinen Sabbat.

Der Gottesbegriff zur Zeit Christi läßt keinen Platz mehr für Gottes Güte. Der alte jüdische Gott ließ noch Güte zu. Jetzt ist alles erstarrt in dem strengen Gesetzgeber, in dem furchtbaren Gott. Nun kommt Jesus. Er lehrt den Vaterbegriff. Das Ernste, Strenge in Gottes Wesen setzt er voraus. Sein Gottesbegriff ist entweder reiner Vaterbegriff oder doch sehr stark davon durchtränkt. Nemo novit patrem nisi filius et cui filius voluerit revelare (Niemand kennt den Vater, nur der Sohn und wem der Sohn es offenbaren will). Wir wollen den Vater kennenlernen, deshalb wollen wir zum Heiland gehen. Der Gottesbegriff des

Heilandes ist wesentlich Vaterbegriff. Deswegen finden wir fast durchweg den Namen Vater, wenn Jesus von Gott spricht.

Der Israelit begann sein Gebet: Herr Gott, Gott Israels, Abrahams, Isaaks, Jakobs, Du Gewaltiger etc. Christus lehrt uns beten: Audemus dicere, Pater noster ... (wir wagen zu sagen: Vater unser ...) "Vater, ich habe deinen Namen den Menschen kundgetan" (Joh 17,6), so spricht Jesus. Was war das für ein Name? Es war der Vatername. Das war eine Frohbotschaft. Daher stellt Paulus auch so nachdrücklich die alttestamentliche Knechtschaft der neu-testamentlichen Kindschaft gegenüber. "Knecht Jahwes", das war der alttestamentliche Ausdruck für das Verhältnis zu Gott.

Gott ist unser Vater. Das ist Frohbotschaft. Daher ist er auch von so väterlicher Gesinnung erfüllt. Der Heiland weiß mit solchem Liebreiz vom Vater zu erzählen, daß ein Apostel ausrief: "Zeige uns den Vater und es ist genug" (Joh 14,8). Worin betätigt der Vater seine väterliche Gesinnung? In allem, aber auch in allem. Ihr braucht gar nicht zu bitten. Der Vater weiß schon, wessen ihr bedür-fet. Bittet und ihr werdet empfangen. Suchet und es wird euch aufgetan. Wo wird ein Mensch, wenn sein Sohn ihn um Brot bittet, einen Stein geben. Wenn nun ihr, die ihr böse seid, euern Kindern gute Gaben zu geben wißt, um wieviel mehr wird euer Vater im Himmel denen Gutes tun, die ihn darum bitten(vgl. Mt 6,31 ff; 7,7 ff). Der Heiland kann ganz poetisch werden, wenn er vom Vater spricht. Das bringt uns ein ganz anderes Bild von Gott. Er ist nicht der Gott, der immer Gesetze will. Er ist mein Vater, und seine Väterlichkeit wird nicht gestört durch seine Gerechtigkeit. Er ist deswegen gerecht, er straft deshalb die Sünder, weil sie nicht auf seine väterlichen Absichten eingehen, und er belohnt nicht nach Maß, nicht nach

Verdienst, hundertfältig gibt er den vollen Lohn. Allen ohne Ausnahme will er Vater sein. Dieser Gottesbegriff ist ganz anders als nicht bloß der des späteren, sondern auch der des früheren Judentums. Kindliche Hingabe an den Vater. Liebevolles Eingehen auf die Absichten des Vaters, das ist der Grundakkord der Religion des Heilandes. Dieser Begriff soll die Weltanschauung verklären. Die Weltanschauung der Juden ist verwirrt. Auch in uns. Katholische Weltanschauung ist heute soviel Krankhaftes. Anders ist der Heiland mit seiner Lehre: Gott ist der Vater. Alles, was uns trifft, kommt aus seiner Hand. Froh sollen wir durchs Leben gehen. Über alles Gute und Schöne sollen wir uns freuen, weil alles vom Vater kommt.

Alle Apostel und besonders die, die den Heiland am besten verstanden, haben diese Lehre erfaßt. "Ihr habt nicht den Geist der Knechtschaft empfangen, sondern den Geist der Kindschaft, in dem wir rufen: Abba, Vater!" (Röm 8, 15). Wie die Mutter dem Kinde vorspricht: Mama – Papa!, so spricht der Heilige Geist vor: Abba, Vater! Ja, Gott verfolgt uns mit seiner väterlichen Gesinnung.

Der moderne Mensch ist Gottsucher. Welchen Gott sucht er, den alttestamentlichen oder den neutestamentlichen? Auch wir suchen Gott. Welchen Gott haben wir bis jetzt gefunden? Viele von uns den alttestamentlichen, den wir fürchten. Daher soviel Krankhaftes in uns modernen Menschen, auch in uns Priestern. Es gibt viele, die an Zwangsvorstellungen glauben. Man spricht nicht umsonst von Freudlosigkeit in der Religion. Diese ist die Religion einer vernünftigen Sorglosigkeit. Wir wollen Priester werden, wollen die Menschen glücklich machen. Bringen wir der Welt nicht den neutestamentlichen Gott, dann verstärken wir die religiöse Not. (Das ist Stoff für die glänzendsten Vorträge, die selbst den Gebildeten anregen.) Deshalb gilt für uns: Formelkram beiseite. Wir dürfen uns nicht

binden. Was wir in der Bewegung haben ist nur Sicherung, nichts mehr. Wenn wir dies nicht haben, dann binden wir sofort wieder in derselben Weise, und wir haben
bald wieder den alten Gottesbegriff. Darum müssen wir
aber auch als Gotteskinder leben in unserm ganzen Benehmen, auch in unserm Beten. Ist nun der Heiland, rein
menschlich gesprochen, nicht umsonst gekommen?
Müßte er nicht noch einmal den Vater bringen?

J. Kentenich, aus:
Gotteskindschaft, 1.6.1922, S. 17 – 18

Ausgesprochene Vaterzüge im Gottesbild Jesu

Das neutestamentliche Gottesbild trägt ausgeprägte Vaterzüge. Davon haben wir uns im Laufe von Jahrzehnten in unseren Kreisen so oft und tief überzeugt, daß hier der bloße Hinweis genügt. Es ist uns in Fleisch und Blut übergegangen, daß der Heiland die Aufgabe hatte, diese Züge seiner staunenden Zuhörerschaft und Gefolgschaft zu entschleiern und in geheimnisreicher Weise in seine eigene Kindschaft hineinzuziehen. Im Hohenpriesterlichen Gebet überschlägt er sein ganzes Leben und gibt sich vor seinem himmlischen Vater das Zeugnis: Ich habe deinen Namen – den Vaternamen – den Menschen kundgetan (Joh 17,6). Wie er selbst stets und in allem – im Gebet, bei Arbeit und Leid – um den Vater kreiste, so zieht er alle, die sich ihm anschließen, in diesen Liebesstrom zum Vater hinein. So hat er es zu seinen Lebzeiten getan ... So tut er es jetzt noch in der Liturgie und durch innere Anregungen. Niemand kommt ja zum Vater, es sei denn durch ihn. Dann erst hat er seine Sendung erfüllt, wenn alle Auserwählten den Weg zum Vater seins-, gesinnungs- und lebensmäßig gefunden haben. Er legt den Seinigen den Vaternamen auf die Lippen und ins Herz und lehrt sie beten: Vater unser ... Mit hinreißender Begeisterung und farbenprächtigen Bildern kündet er deshalb nicht nur die Frohbotschaft von des Vaters providentia generalis (allgemeine Vorsehung), sondern auch und vor allem von seiner providentia specialis (besondere Vorsehung). Die allgemeine Vorsehung war seinen Zuhörern, die durch die Schule des Alten Testamentes gegangen waren, bekannt. Es war ihnen nicht neu, daß Jahwe um die ganze Schöpfung sich sorgte, daß er die Vögel des Himmels nährt und die Lilien des Feldes kleidet. Sie wußten, daß Israel Jahwes Liebling war, sein auserwähltes Volk. Sie kannten auch aus ihrer Geschichte

genug Fälle, wo sich die providentia specialissima aus-
wirkte. Sie brauchten nur an die Patriarchen und
Propheten zu denken. Wie oft hat sich im Laufe vergan-
gener Jahrhunderte bald in dieser, bald in jener Form wiederholt, was die Heilige Schrift von Moses berichtet, "daß
der Herr zu ihm sprach von Angesicht zu Angesicht, wie
ein Mann spricht zu seinen Freunden"(Ex 33,11).
Neu dagegen war für sie, daß der Vater an jeder kleinsten
Kleinigkeit bei jedem einzelnen Menschen höchst persönlich interessiert ist und sich darum väterlich sorgt, so
zwar, daß nicht einmal ein Haar ohne ihn, ohne sein
Wissen und seinen Willen, ohne sein Zutun vom Haupte
fällt (vgl. Mt 10,30). Das ist die Botschaft von der providentia divina specialis, das heißt von der individuellen
oder speziellen göttlichen Vorsehung, die uns darauf aufmerksam macht, daß Gott nicht bloß das ganze große
Weltgeschehen mit den innewohnenden und wirksamen
Gesetzmäßigkeiten umgreift und weise zu einem großen
geplanten Ziele hinführt, daß er dabei nicht nur einige
große Führer des Volkes im Auge behält, sondern sich
gleichzeitig und gleicherweise um jeden einzelnen sorg-
lich kümmert.

Was sagt er uns denn über den Vorsehungsglauben, so wie
wir ihn umrissen? ... Wir lassen uns erst ein paar Lehrstücke von ihm mitteilen und suchen dann eine Gesamt-
lehre, zurückgestrafft auf einige wenige Sätze.

"Der Vater weiß, wessen ihr bedürft, ohne daß ihr darum
bittet" (Mt 6,8). Was müssen wir voraussetzen bei diesem
Wort? Die ganze Lehre von der göttlichen Vorsehung.
Genauer gesagt also die Lehre, daß der liebe Gott einen
Plan entworfen hat – rein menschlich ausgedrückt – sorg-
fältigst abgewogen ... Wie bin ich also erschaffen? Wie
sehen die einzelnen Schicksale meines Lebens aus? All
das ist vorhergesehen. Wenn ich jetzt sage: vorherbestimmt, dann allerdings im recht verstandenen Sinn vor-

herbestimmt. Alles vorhergeplant, alles vorhergesehen, alles vorherbestimmt; aber auch gleichzeitig miteinkalkuliert die Gnaden, die mir zur Verfügung gestellt werden, damit ich die Fähigkeit habe, diesen Plan im Einzelfalle nun auch zu entdecken und nicht nur zu entdecken, sondern auch zu verwirklichen. So hören sie: "Der Vater weiß ..." Weil er ja selber das alles so geplant, weil er es vorgesehen und weil er die Durchführung allezeit bis in alle Einzelheiten in seiner Hand behält. Er steuert mein Leben. Ich meine, wir sollten uns diesen Ausdruck 'Steuerung meines Lebens' einmal einprägen. Er steuert und hat gesteuert. Und darum – wenn das in dem Fall geschieht, wie das hier grundsätzlich theologisch feststeht – verstehen wir das Wort: "Der Vater weiß, wessen ihr bedürft." Er weiß, hat es ja bestimmt, daß ich dessen bedürfen soll. Und er ist auch bereit, mir alles zu geben. Deswegen hat er noch einmal eigens beigefügt: "ohne daß ihr darum bittet." Ich muß es ihm also nicht erst sagen, daß mir etwas fehlt. Ich muß ihn nicht darauf aufmerksam machen, daß ich ihn jetzt brauche. Das ist alles ja selbstverständlich ...

Andere Ausdrücke, die gehen ja wohl noch weiter, die heben noch stärker hervor, was auch damals seinen Zuhörern fremd war: daß der liebe Gott sich nicht nur etwa kümmert um das auserwählte Volk. Von dem Gedanken waren ja damals die Zuhörer erfüllt, Auserwählung des Volkes Israel! Der Glaube ging so weit, daß die Israeliten überzeugt waren: Die anderen Völker sind nicht Gegenstand seiner Vorsehung, seiner Liebe. Auserwähltes Volk! Aber das Volk als Ganzes, es ging ja nicht um den einzelnen. Sehen Sie, das müssen Sie als Hintergrund hören, und dann verstehen Sie erst recht, was das heißt: Der Vater kümmert sich nicht nur um das israelitische Volk als Ganzes, nicht nur im israelitischen Volk um jeden einzelnen; nicht nur sorgt er für das einzelne Glied des israelitischen Volkes um jede Kleinigkeit, sondern das tut er darüber hinaus für alles Geschaffene, zumal für alle *Menschen*. Es gibt gar nichts in meinem Leben, nicht das Allerkleinste, was nicht einen Platz hat in diesem Plane.

Er kümmert sich, wo es sich um uns handelt, um jeden einzelnen und bei jedem einzelnen um jede kleine und kleinste Kleinigkeit. Setzen wir das bitte voraus, dann verstehen wir gleich die beiden Lehrstücke, die er uns nun sagen und deuten will.

Zwei Sperlinge für einen Groschen

Er hebt so praktisch hervor – er ist ja überhaupt immer sehr populär in seinen Bildern, paßt sich dem Volk, also seinen Zuhörern an –, hören Sie das Wort: "Kauft man nicht zwei Sperlinge für einen Groschen?" (Mt 10,29). Es fällt nicht schwer, uns in die damalige Situation, das Wertempfinden zurückzuversetzen. Offenbar nach dem damaligen Empfinden, wenn wir uns nicht täuschen, fast noch mehr als heute, wo es sich um die Vogelwelt handelt, von geringerer Bedeutung. Jetzt nicht nur, daß es heißt: "Kauft man nicht zwei Sperlinge für einen Groschen?", sondern, was das Wichtigste ist – das ist ja nur die Grundlage: "und keiner von den Sperlingen fällt auf den Boden ohne den Vater." Kann man das populärer ausdrücken? Also von diesen unscheinbaren, unwertigen Wesen, um die sich doch kaum jemand kümmert – der Vater kümmert sich darum, und keines fällt auf den Boden, ohne daß das im Plane des Vaters stand. "Um wieviel mehr wird er sich kümmern um euch!"

Alle Haare sind gezählt

"Alle Haare eures Hauptes sind gezählt" (Mt 10,30). Was heißt das? Der liebe Gott muß ein glänzender Rechen-

23

meister sein. Der kennt also alle die einzelnen Härchen meines Hauptes. Die Exegeten, die pflegen das Wort so zu deuten: "Alle Haare eures Hauptes" – wie das sprachlich zu deuten ist, weiß ich nicht –, sie meinen, hier seien gemeint diese ganz kleinen Härchen, die man gemeiniglich am Hals hat, also noch nicht einmal die Haare auf dem Kopfe, sondern diese kleinen Härchen am Halse, um die würde es sich handeln. Wenn das stimmt, und das muß wohl stimmen, oder soll das bloß ein Bild sein für irgendetwas x-beliebiges? Und selbst wenn es nur ein Bild wäre, dann ist das Bild aber doch wahrhaftig deutlich genug. Wenn das Bild eine Symbolträchtigkeit hat, dann kann das ja praktisch nur wiederum heißen: Er kümmert sich um mich. Er weiß um mich. Und alles, was in meinem Leben Wirklichkeit wird, hat er vorausgesehen und vorausgeplant. Aber alles aus Liebe, alles für Liebe und alles durch Liebe. Das alles soll meine Liebesvereinigung mit ihm unterstützen helfen.

Die Lilien des Feldes

Ein letztes Lehrstück geht nach derselben Richtung. Da werden wir darauf aufmerksam gemacht – es geht wiederum um ein Bild aus dem praktischen Leben –, zu beobachten, wie an sich die Lilien des Feldes (Mt 6,28) gekleidet sind, wie für die Vöglein des Himmels gesorgt ist. Salomon in all seiner Herrlichkeit soll nicht so gekleidet sein wie die Lilien des Feldes. – Die Vöglein des Himmels, sie säen nicht, sie ernten nicht. (Mt 6,26) Sie sind also lediglich der göttlichen Vorsehung ausgeliefert. Und der Vater sorgt für sie alle ohne Ausnahme.

J. Kentenich, aus:
Texte zum Vorsehungsglauben, S. 93 – 99

Vatersendung Jesu

An sich könnte reichlich genügen, was ich darüber gleich eingangs schon zusammengetragen, weil wir ja in dieser Welt leben. Jedes Wort, was nach der Richtung zielt, dürfte für uns gefüllt sein. Wenn ich aber trotzdem ein Wort über die Sendung sage, dann meine ich zusammenfassend hervorheben zu dürfen: Diese Vatersendung, die der Vater ganz eindeutig dem Heiland gegeben, hat der Heiland laut Heiliger Schrift gleichsam in drei unterschiedlichen Etappen erfüllt.

Erste Etappe! Sie muß sich wohl die Überschrift gefallen lassen: Gott *ist* Vater! Über der zweiten Etappe steht das Wort: Gott ist *mein* Vater. Über der dritten Etappe: Gott ist auch *euer* Vater, deswegen *unser* Vater.

Gott *ist* Vater! Wenn Sie genauer prüfen wollen, dann mögen Sie nachschauen, was Matthäus uns zu sagen weiß über die Bergpredigt des Heilandes. Wenn Sie genauer prüfen, werden Sie finden: alles, was er im einzelnen sagt, ist letzten Endes bewußt zugespitzt: Vater! Sie mögen also das 5. bis 7. Kapitel auf sich wirken lassen.

Wo es sich um den Anfang der Bergpredigt handelt, um die acht Seligkeiten, achten Sie einmal darauf, nachdem sie aneinandergereiht, kommt die Forderung: "So leuchte euer Licht vor den Menschen, damit sie eure guten Werke sehen und euren *Vater* preisen, der im Himmel ist" (Mt 5,16).

Wir tun wirklich gut daran, an Hand der Heiligen Schrift all die Überlegungen, all die Lebensvorgänge, die Erlebnisse, die Geschenke, die wir innerseelisch erhalten, nun einmal in diesen Rahmen zu spannen. Es genügt dem

Heiland aber nicht, in der Bergpredigt, wo er an sich den Grundton seiner Lehre weitergeben will, nur von äußeren Taten zu sprechen. Es geht ihm darum, und wir können das jetzt so deutlich in unserer Sprach- und Sprechweise wiederholen, daß diese äußeren Taten herausfließen aus der innersten Gesinnung. Und lesen Sie einmal bitte nach, wieviel Gewicht er auf diese Gesinnung legt, aber letzten Endes mit der eigenartigen Begründung – Sie wundern sich jetzt wahrscheinlich nicht mehr darüber: weil der Vater in das Geheime, in das Dunkle, weil der Vater halt immer auf den Grund der Seele schaut. Es dreht sich also alles um den Vater. Er ist Vater! Wer ist Vater? Gott ist Vater, Gott ist gut, gut ist alles, was er tut.

Weiter! Es kann sich ja, das spüren Sie, wohl nur darum drehen, daß ich die Hauptgedanken berühre. Wenn der Heiland von der Gebetserziehung spricht, kennt er nur ein einziges Gebet, das er wörtlich die Seinigen lehrt, das er zurückläßt. Was ist das für ein Gebet? Ein Kindesgebet! Was ist das für ein Gebet? Ein Gebet an den Vater!

Wir könnten hier nun – und ich glaube, das würde uns nicht einmal langweilig werden – länger stehenbleiben, um einmal zu überlegen, aus welchen dogmatischen Gründen sich der Heiland denn nur an den Vater wenden konnte. Wir können und dürfen uns auch daran erinnern, weshalb die Liturgie, dieweilen sie ja das Agieren Christi darstellt, ständig, wenigstens in den urtümlich liturgischen Gebeten, letzten Endes immer nur um den Vater kreist. Eigenartig mag es berühren – vielleicht komme ich nachher noch einmal ausführlicher darauf zu sprechen –, woher es kommt, daß die liturgische Bewegung jetzt erst langsam anfängt, dieses große Stil- und Gebetsgesetz herauszustellen. Sie ist an sich jahrzehntelang immer nur hängengeblieben bei der Christusmystik im Leben des Christen und im Gebetsstil. Letzten Endes will aber alles hin zum Vater! Wir verstehen jedenfalls aus all dem, was ich jetzt berühre, wie stark die Vatersendung dem Heiland am Herzen gelegen hat. Wollen wir nicht daraus auch wiederum schlußfolgern: Wir müssen einander je und je selber wieder neu entzünden für diese Vatersendung. Unser Beten, Lieben, Leben, alles will in irgendeiner Weise vom Vatergott innerlich berührt, neu inspiriert, neu zentriert und konzentriert werden.

Weiter! Fragen wir uns einmal, wie der Heiland denn nun eigentlich seine Lehre von der Vollkommenheit begründet hat! Wir haben das Wort wohl schon des öfteren gehört, vielleicht aber kaum je in diesem tiefen inneren Zusammenhang. Wir hören also noch einmal: "Vollkommen sollt ihr sein wie euer Vater im Himmel" (Mt 5, 48).

Und wo liegt der Grund dafür? Weil der Heiland ja auch selber in seinem ganzen Leben, Streben, Sinnen und Minnen nur eines gewollt: seinem Vater gleich zu sein. Wir kommen gleich darauf noch einmal in einem anderen Zusammenhang zu sprechen.

Alles in allem, ob ich wohl recht gegriffen, ob wir wohl den Heiland gut verstanden haben, wenn wir all das, was wir jetzt zusammengetragen, unter dem Gesichtspunkte der ersten Stufenfolge seiner Lehre und seiner Belehrung gesehen haben? Was hat er also gelehrt? Was mußte er lehren, wenn er so erfüllt von seiner Vatersendung war? Dieser Gott *ist* Vater!

In der zweiten Etappe wird er nicht müde, seinem Volke, seinen Zuhörern, seinen Jüngern, seinen Aposteln die große Wahrheit beizubringen, daß Gott auch *sein* Vater ist, aber in einzigartiger Weise Vater; daß er der eingeborene Sohn des Vaters ist gleicher Wesenheit. Wie in allem, so hat der Heiland sich auch hier nicht übereilig gegeben. Er hat erst lange dafür gesorgt, daß das Volk wach würde durch Wunder und Wunder, durch Eingriffe in die natürliche Ordnung, daß das Volk, das ihn sah, das mit ihm zusammenlebte, stutzig würde; aber er hat auch dafür gesorgt, daß er klar sein Bekenntnis ablegen konnte. Was war das für ein Bekenntnis? Er ist der gleichwesenhafte Sohn des ewigen Vatergottes.

Ich will nur zwei kleine Momente anführen, damit wir nach der Richtung wenigstens wieder größere Klarheit bekommen. Menschlich ist es wohl verständlich, wie und daß der Heiland bei Gelegenheit einmal die Seinen so echt menschlich fragte: "Für wen halten die Menschen den Menschensohn?" (Mt 16,13) Natürlich war bei ihm hier eine pädagogische Intention wirksam. Die Apostel haben Antworten gegeben. Nun aber die Zuspitzung, das Ziel der Erziehung, das er für die Seinen verfolgte: "Ihr aber, wofür haltet ihr den Menschensohn?" Wir wissen, Petrus antwortet: "Du bist Christus, der Sohn des lebendigen Gottes" (Mt 16,15 f). Sicher, unsere Exegeten mögen studieren, was das Bekenntnis im einzelnen zu besagen hat. Jedenfalls hören wir heraus, was der Heiland uns selber nunmehr sagt. Bestätigung! Wahrhaftig: "Nicht Fleisch und Blut hat dir das geoffenbart, sondern mein *Vater*, der im Himmel ist" (Mt 16,17).

Protest gegen so viel modernes religiöses oder sagen wir besser religiös-gefärbtes Denken. Nicht Fleisch und Blut, nicht naturhaft-natürliches Denken! Naturhaft-natürliches Denken rechnet mit all dem nicht. "Nicht Fleisch und Blut hat dir das geoffenbart, sondern mein Vater, der im Himmel ist."

Prüfen Sie ein drittes Mal! Der Heiland wurde offiziell aufgefordert zu bekennen: "Bist du Christus, der Sohn des lebendigen Gottes?" (Mt 26,63). Und wie leicht hätte er sich helfen können, wie wohl viele aus unseren Kreisen in ähnlicher Situation leicht zum Verräter geworden wären! Aber statt dessen steht er da in seiner göttlichen Majestät: "Ja, ich bis es" (Mt 26,64). Und dann weiß er auseinanderzusetzen, wie er einmal erscheinen wird in den Wolken des Himmels. Alles in allem, seine Sendung bestand auch darin, zu beweisen, daß er der eingeborene, gleichwesensartige Sohn des Vaters ist... Eine Linie!

Eine zweite Linie! Wenn das der Fall ist, dann hat er seiner menschlichen Natur nach offensichtlich nur die eine große Aufgabe, sich total zu verzehren für die Menschen, um auch sie zum Vater zu führen. ...

Lesen Sie bitte einmal selber das Hohepriesterliche Gebet des Heilandes nach! Tun Sie es aber bitte auch! Was hören wir da? Wessen werden wir dann inne? Da offenbart er uns den ganzen Reichtum seines Kindesherzens dem Vater gegenüber, das sich aber den Menschen gegenüber ausgewirkt hat als ein überaus warmes, opferfreudiges Vaterherz. Jetzt weiß ich nicht, welche Texte ich im einzelnen herausholen soll. Zunächst wohl das eine Wort: "Ich habe den Menschen deinen Namen geoffenbart" (Joh 17,6).

Das müssen Sie sehr wörtlich nehmen als massive Bestätigung, Darstellung, Behauptung, Bekenntnis! Was hat er, rückschauend auf sein Leben, getan? Seine Sendung erfüllt! "Ich habe ihnen deinen Namen (den Vaternamen) geoffenbart" (Joh 17,26). Und dann achten Sie einmal darauf, wie warm das alles klingt! Wieviele Sätze mit dem Vaternamen beginnen und in dem einen Wort ausklingen: Vater, Vater, Vater! Bald ist es der gerechte Vater, der liebenswürdige Vater! Er kreist immer um den Vater. Oder hören wir, bloß um das eine oder andere in den Zusammenhang einzureihen: "Das Werk, das du mir aufgetragen, das habe ich vollbracht" (Joh 17,4).

Das Werk! Was war das für ein Werk? Das Vaterreich zu errichten! *Das* Werk und nur das Werk! Was hätte er nicht alles tun können bei seiner Geistreichigkeit, bei seiner Begabung, schon rein menschlich betrachtet! Aber eingeengt immer nur das Eine: *Das* Werk, das du mir aufgetragen, das habe ich jetzt vollendet.

Über der ersten Etappe: die Lehre vom Vatergott schlechthin! Über der zweiten Etappe: seine Lehrweisheit, ich, der eingeborene Sohn des Vaters. Und über der dritten Etappe? Das verstehen wir nunmehr auch gut: Wir sind in den ewigen Vater, in seine Kindschaft in geheimnisvoller Weise hineingezogen; deswegen ist er auch *unser* Vater.

J. Kentenich, aus:
Vortrag für die Schönstattfamilie,
Heiliger Abend 1967

Das Vaterunser als Gebetsschule

Vater unser! Gott steht hier vor mir als *Vatergott*, als drei-faltiger Gott. Vater! Vater des Sohnes, Vater des Eingeborenen, Vater aber auch für uns. Unser Vater! Ich stehe als Kind, als Adoptivkind vor Gott, meinem Vater. Es ist darum so wichtig, daß wir dieses Gegenüber wieder einmal ansehen. Fühlen Sie nicht, wie das Licht, das von diesem Gegenüber ausstrahlt in mein kleines Ich, mich adelt, wie es mich aufwärts schauen und mein ganzes Wesen emporbilden läßt? Ich lehne mich an ihn an, an den Vatergott.

Vater *unser*, unser Vater! Da fühle ich mich gleich als Glied der großen Gottesfamilie, nicht so sehr als Individuum.

Vater unser, der du bist im Himmel! Nicht wahr, volks-tümlich wissen wir, was das Wort zu sagen hat. Es erinnert uns an die Allmacht Gottes. Wenn der Vatergott vor uns steht als personifizierte Güte und Liebenswürdigkeit, dann zeigt uns der Absatz, *'der du bist im Himmel'* seine *Allmacht*. Ich stehe darum in Ehrfurcht und Liebe vor ihm. Es muß immer eine hinlaufende und rücklaufende Linie sein, mit der mein Innerstes den Gegenpol, mein göttliches Gegenüber, umfängt und umfaßt.

Nebenbei gesagt, Sie müssen sich bemühen, bei dem Einleitungsgebet länger stehenzubleiben. Nicht zu schnell losstürzen auf ethische Konsequenzen, sondern länger verharren bei dem Innewerden dieser großen Wirklichkeit der Einwohnung des Dreifaltigen Gottes, bei dem Hinge-gebensein an den in uns wohnenden Dreifaltigen Gott. Dieses Binden an Gott in uns ist ja schon Gebet im emi-nentesten Sinne des Wortes. Und wir brauchen Bindung an Gott. Deswegen müssen wir diesen Bindungsprozeß in unserem Gebet auch immer wieder als das Wesentlichste und Vorzüglichste erstreben. Nicht unmittelbar immer mit ethischen Forderungen kommen, sondern mehr diese seinsgemäße und tiefergehende Gebundenheit erstreben. In den innersten Gemächern unserer Seele müssen wir Gott suchen. Das ist in hervorragender Weise Gebet. Vielleicht können wir deshalb nicht beten, weil wir verkehrte Vorstellungen vom Gebet haben.

Nun kommt aber der Hauptteil des Gebetes, die wesentlichen Bitten. *Geheiligt werde dein Name!* Das ist die Ehre des großen Gottes, die Verherrlichung Gottes. Da kommt es nicht darauf an, ob es mir gut geht, sondern nur auf das eine, ob es Gott gut geht, ob Gott anerkannt wird von den Menschen. Das ist letzter Sinn und Zweck der Schöpfung. Nach der Richtung will unser ganzes Gemüt und Leben nach oben gelenkt und geleitet werden. Aus dem Grunde verzehren wir uns Tag und Nacht in Arbeit, Gebet und Opfer. Nur eines muß erreicht werden: geheiligt werde dein Name! Du sollst anerkannt und verherrlicht werden, du, der große Gott. Und wenn du diesen Zweck erreichen willst durch politische Verhältnisse, geheiligt werde dein Name!

Nun kommt die zweite Zielangabe: Du sollst auch in mir verherrlicht werden. *Zu uns komme dein Reich!* Dein Reich komme auch zu mir, zu unserer Familie, damit du durch uns verherrlicht wirst.

Und jetzt kommen die großen Mittel. *Dein Wille geschehe, wie im Himmel, also auch auf Erden!* Das ist die Gleichförmigkeit mit dem göttlichen Willen. Gottes Ehre wird vermehrt in dem Ausmaße, als mein Wille die Form des göttlichen Willens annimmt. Dein Wille geschehe wie im Himmel, also auch auf Erden!

Unser tägliches Brot gib uns heute. Das ist das übernatürliche Brot, das sind die notwendigen natürlichen Subsistenzmittel. Nicht wahr, das wissen wir, für den Menschen ist es gleich gefährlich, wenn er im Überfluß lebt oder in größerer Armut darben muß. Er muß das Notwendige haben, dann kann er leichter leben und leichter Herz und Auge zu Gott emporheben.

Vergib uns unsere Schuld, wie auch wir vergeben unseren Schuldigern. Und führe uns nicht in Versuchung, sondern erlöse uns von dem Übel.

Sehen Sie, da bekommen wir in jedem Satz jeweils ein neues Mittel von untergeordneter Bedeutung angegeben, das wir anwenden müssen, um das Ziel unseres Lebens mit der Zeit zu erreichen. Und Sie tun gut daran, wenn wir nicht gut beten können, müde sind oder auf der Bahn oder auf der Reise sind, das Vaterunser durchzubeten. Das ist eine Gebetsschule ersten Ranges. Wenn das wirklich Gedanken unseres Denkens, wenn das wirklich geformtes Leben darstellt, was der Vater uns mitteilt, dann wachsen wir empor zu der Größe Gottes selber. Wir werden befreit vom Kreisen um uns selber. Dann nehmen wir teil an Gottes Eigenschaften, an Gottes Größe und Gottes Wesen.

J. Kentenich, aus:
Vortrag für Schönstätter Marienschwestern, 8.3.1933

Die Liebe des Vaters zum verlorenen Sohn

Wenn Sie den Gedanken noch vertieft wissen wollen, dann darf ich Sie an eine bekannte Parabel erinnern. Die Parabel hat für gewöhnlich die Überschrift: "Vom verlorenen Sohne" (vgl. Lk 15,11-32). Ich meine schier, wir müßten die Parabel umtaufen, wir müßten so sagen: Das ist die Parabel von der endlosen Vatersorge Gottes.

Nicht wahr, wenn wir einmal so ins gewöhnliche Leben hineinschauen, dann mag es wohl der Mühe wert sein zu konstatieren: Der Vater mag gut zu seinen Kindern sein, solange die Kinder gut sind; aber wie häufig haben wir Bilder, wie häufig haben wir Ereignisse, die uns zeigen: Wenn der Sohn oder die Tochter aber enttäuscht haben, wie furchtbar hart kann dann ein Vater sein!

Wenn Sie jetzt noch mal die ganze Parabel auf sich wirken lassen: Der verlorene Sohn hat es also zu Hause glänzend gehabt. Aber der Hafer hat ihn gestochen, es hat ihm zu Hause nicht mehr gefallen. Er läuft einfach weg, will nichts mehr von zu Hause wissen. Was ist nun die Wirkung? Wir wissen, wie es Stück für Stück abwärts geht. Letzten Endes muß er mit dem Futter der Schweine zufrieden sein. Dann erinnert er sich, wie gut er es zu Hause gehabt hat. Vielleicht hat er auch gedacht: Um's Himmels willen, was wird der Vater sagen, wenn ich jetzt wiederkomme, 'zu Kreuze krieche'! Was war die Antwort des Vaters? An sich müßte man meinen, jetzt müßte der gerechte Gott sagen: Du hast gegessen, Türe zu, die bleibt zu! Oder: Wenn ich dich wieder aufnehme, dann sollst du mir aber mal beweisen, daß du jetzt wieder anders sein willst!

Was tut der Vater? Arme offen! Das Haus ist offen, der Stall ist offen, das Herz ist offen. Es ist genauso, als wenn der Sohn gestern einen Spaziergang gemacht hätte und jetzt wieder nach Hause käme.

Sie müssen einmal sehen und richtig auf sich wirken lassen, was der Heiland sagen will. Er will die Vatersorge des ewigen Vatergottes mir gegenüber bildhaft darstellen. Aber das allein reicht noch nicht. Er hat also den besten Ochsen aus dem Stall geholt, ein großes Gastmahl gehalten. Ja, wenn es heute in Amerika wäre, ich weiß nicht, was es dann alles gäbe: turkeys (Truthähne) und dann Bier und Wein...

Sie müssen sich die Zeit nehmen, das selber zu schildern, das heißt, all das, was der Heiland in die damalige Zeit hineingesagt hat, jetzt in unsere Zeit hineinprojizieren. Das reicht aber noch nicht. Es ist also nicht nur so, daß jetzt der Hunger gestillt ist, daß er jetzt wieder in diesen Stand hinaufgehoben, hineingenommen wird, also das Notwendige (hat), sondern darüber hinaus: (Der Vater) holt noch einen goldenen Ring, (der Sohn) muß noch einen goldenen Ring tragen. Also alles, als wenn überhaupt nichts gewesen wäre, nicht wahr. Ja, eigentlich wird er noch besser behandelt als der Junge, der zu Haus geblieben ist. Das hat der auch gespürt, er hat gesagt: Um's Himmels willen, wann hast du denn für mich mal einen Ochsen geschlachtet! Und ich habe meinen Ring selber bezahlen müssen! Das hast du nie getan (mir einen Ring geschenkt)!

Verstehen Sie die ganze Situation? Wunderschön, wenn man das ernst nimmt! Das ist das Ideal eines echten Vaters. So muß ein Vater für seine Kinder sorgen. Es ist also wahr, wenn ich sage: Wie sieht die Vatersorge aus? Endlose Vatersorge!

J. Kentenich, aus:
Vortrag für Ehepaare in Milwaukee, USA, 26.6.1961

Gotteskindschaft im Neuen Testament

Die Predigten des Herrn und der Apostel, vor allem des heiligen Paulus und Johannes, benutzen mit fühlbarer Wärme das Wort "Kind", um die Beziehungen zu kennzeichnen, in die der Mensch durch den Gottesbund zum göttlichen Bundespartner, zum "Vater" tritt (Mt 5,45; Röm 8,14-16; 1 Joh 2,14 u.a.). Dabei bekommen in ihrem Munde die beiden Worte "Vater" und "Kind" einen Klang, den sie im Alten Testament für die damaligen Hörer und Leser nicht hatten und nicht haben konnten. Seitdem der Glaube von einem Dreifaltigen Gott und einem innertrinitarischen göttlichen Leben weiß, seitdem er die Kunde, die frohe Botschaft von der geheimnisvollen Teilnahme an diesem innertrinitarischen göttlichen Leben gebracht hat, die uns durch Einpflanzung in den menschgewordenen Gottessohn durch die Taufe geschenkt worden ist, haben die Begriffe "Vater" und "Kind" im Gottesbund eine einzigartige Prägung, eine geheimnisvolle Tiefe, eine erstaunliche Bereicherung erfahren.

Gott ist nicht mehr bloß gut wie ein Vater für seine Geschöpfe, der über alle regnen und die Sonne scheinen läßt und für alle sorgt (Mt 5,45; 6,25-34), oder, wie Goethe ihn sieht, wenn er redet von dem "uralten, heiligen Vater" und seiner "gelassenen Hand", die "aus rollenden Wolken segnende Blitze über die Erde sät", dem man "den letzten Saum seines Kleides" küßt, "kindliche Schauer treu in der Brust" (J.W. Goethe, Gedicht "Grenzen der Menschheit"). Nein, der Bundesgott ist der Vater, unser Vater in den Himmeln (Mt 6,9), der den wesensgleichen ewigen Sohn erzeugt, der diesen Sohn auf die Erde gesandt und Fleisch hat annehmen lassen, der uns durch geheimnisvolle Eingliederung in den Eingeborenen in einer Weise zu seinen Kindern macht, die jede rein natürliche Vaterschaft endlos übersteigt und überstrahlt. Darum betet das Credo:

"Wir glauben voller Zuversicht,
was uns die ewige Wahrheit spricht.
Wir beugen willig den Verstand
und folgen ihr mit Herz und Hand.

Der Glaube ist der sichere Pfad,
den uns das Wort gewiesen hat:
Nur dem wird ewiges Heil gewährt,
dem dieser Glaube ist beschert.

Wir glauben, Gott, daß deine Macht
die Welt ins Dasein hat gebracht.
Du bist's, der sie erhält, regiert
und weise hin zum Ziele führt.

Der hoch du thronst in Himmelshöhn,
willst warm auf uns herniedersehn,
in uns erblicken deinen Sohn,
der herrscht mit dir auf ewigem Thron.

Wir sind so arm und schwach und bloß;
du machst erhaben uns und groß:
zu des verklärten Herren Glied,
der als das Haupt zu dir uns zieht.

Du, Gott, *erhöhest unser Sein,*
ziehst in die Seel' als Tempel ein,
wo mit dem Sohn und Heiligen Geist
du dich als Dauergast erweist.

Der Leib, die Seele ist geweiht
der heiligsten Dreifaltigkeit,
die in uns wie im Himmel thront,
mit ihrem Reichtum in uns wohnt.

So sind wir über alle Welt
ins Göttliche hineingestellt,

sind mehr in deinen Augen wert
als ohne uns die ganze Erd.

Die Werke jeglicher Kultur
sind wie ein kleines Stäubchen nur,
gemessen an der Herrlichkeit,
die deine Liebe uns verleiht.

Du hast uns deinen Sohn geschenkt,
der still für uns am Kreuze hängt;
du sendest uns den Heiligen Geist,
der uns erzieht und unterweist;

gibst einen Engel uns zur Seit',
der uns zu schützen ist bereit,
und eine Mutter, voller Güt',
die liebreich sich um uns bemüht.

Du hast uns sorgsam anvertraut
der Kirche, deines Sohnes Braut,
daß sie uns durch das Leben führt
und wahre Liebe in uns schürt.

Dein Sohn bringt sich auf dem Altar
für uns als Opfer mildreich dar;
als Freund ist er, als Speise da
in allen Lagen still uns nah"

(Himmelwärts, 24-26.
Die Hervorhebungen stammen aus dieser Studie).

Unsere Familie ist von Anfang an bis heute wachsend von
einer greifbaren Vater- und Kindesströmung durchpulst.
Sie hat das "Vater-Kind-Verhältnis" als Symbol für das
Liebesbündnis mit Gott nach allen Richtungen hin ausge-
schöpft und das persönliche und gemeinschaftliche Leben

daraus gestaltet. Sie folgt dabei einer eindeutigen Führung des Heiligen Geistes, der durch das "Gesetz der geöffneten Tür" unmißverständlich gesprochen und uns theoretisch und praktisch die Wege des Kindseins und Kindessinnes gewiesen hat, die er uns in der Heiligen Schrift mit einer Liebe und Sorgfalt entschleiert, die uns seine Wünsche deutlich offenbaren.

J. Kentenich, aus:
Brief-Studie an Joseph Schmitz, 1952

Die barmherzige Vaterliebe Gottes

Worin die Gottesgestalt, die *Vatergestalt*, worin das Neue besteht? Ach, das haben wir ja nunmehr so häufig besprechen dürfen. Da steht zweifellos der Vatergott vor uns als der Gott der Liebe, aber nicht als der Gott der gerechten Liebe, sondern als der Gott der *erbarmungsreichen Liebe*.

Und wie sieht wohl die *Kindesgestalt* aus, die nunmehr vor uns steht? Sie reagiert auf die Vatergestalt. Die Kindesgestalt weckt die Vatergestalt. Das ist das erbärmliche und erbarmungswürdige Kind oder – genauer gesagt – das *erbärmliche* und *erbarmungswürdige Königskind*. Scheinbar schroffe, unvereinbare Gegensätze.

Wenn wir im Lichte des Glaubens wandeln, im Lichte des Glaubens leben, wenn das Wort Pauli an uns wahr geworden ist und immer neu wahr werden will: "Euer Wandel soll im Himmel sein" (Phil 3, 20), dann ist es selbstverständlich, daß wir uns als überaus hochwertig innewerden dürfen, daß wir uns bewußt bleiben und mehr und mehr bewußt werden, daß wir eine Standeserhöhung erlebt haben: Wir sind *Königskinder*, hineingewachsen in das Königtum des Heilandes, hineingewachsen in das Königtum des ewigen Vatergottes. Königskinder, aber gleichzeitig erbärmliche und erbarmungswürdige Königskinder! Erbärmlich, dieweilen wir durch Erbsünde und persönliche Sünde unserer Begrenztheit, unserer Armseligkeit allezeit tief innewerden. Und dieweilen wir als Königskinder erbärmlich sind, erleben wir uns auch als erbarmungswürdig. Wir haben Sehnsucht nach Erbarmen, und *diese* Sehnsucht, das Erbarmen des Vatergottes zu erleben, zwingt gleichsam den ewigen Vatergott, uns seine unendliche Erbarmung in Überfülle zukommen zu lassen.

Wenn wir darum heute im Sinne unserer Überlegungen eine Bitte aussprechen dürfen, darf sie wohl etwa so lauten:

Liebe Dreimal Wunderbare Mutter, Königin und Siegerin von Schönstatt, mache uns zu erbärmlichen und erbarmungswürdigen Königskindern, die in einzigartiger Weise sich erleben als Lieblinge seiner unendlichen barmherzigen Vaterliebe.

Ich baue also in allen Lagen auf die Erbarmung des Vaters. Ich stütze mich nicht auf das Gute, das ich getan. Zwei *Titel* haben wir, auf die wir uns immer wieder berufen. Der eine große Titel ist die *unendliche Barmherzigkeit* des Vatergottes, die das Kind liebt, nicht weil das Kind gut war, nicht weil das Kind etwas geleistet hat. Nicht so, als sollten wir nicht gut sein, nicht so, als sollten wir nichts leisten, aber darauf berufe ich mich nicht. Ich berufe mich immer, in allen Lagen, auf die unendliche barmherzige Liebe des Vaters, also auf eine Liebe, die ich nicht verdient habe, auf eine Liebe, die ich nicht einmal in dem Maße, als sie mir zuteil wird, verdienen kann.

Einerseits (berufe ich mich) auf die unendliche barmherzige Liebe und andererseits auf meine *persönliche Erbärmlichkeit*. Ich bin stolz, erbärmlich zu sein. Einerseits tut mir das alles leid, einerseits schmerzt das, was ich an Begrenztheit, Armseligkeit, Fehlerhaftigkeit, Sündhaftigkeit erlebe, auf der anderen Seite bin ich stolz darauf. Weshalb stolz? Weshalb bin ich dankbar und froh? Weshalb das alles? Weil die persönlich erkannte und anerkannte Erbärmlichkeit der sicherste Titel ist auf die unendliche Barmherzigkeit des Vatergottes.

Die Dinge, so aneinandergereiht, ohne größeren Zusammenhang, erscheinen zunächst unverständlich, scheinen schier unbrauchbar (zu sein), wenigstens für den *heutigen* Menschen, dessen schöpferische Kraft durch die Zeitverhältnisse immer neu geweckt wird; für den heutigen Menschen, der sich so gerne neben Gott stellt. Er braucht keinen Gott, er ist ja selber Gott.

Er stellt sich neben den Schöpfergott, er weiß selber die Schöpfung neu zu schaffen. Und trotzdem! Auf der anderen Seite dieses ganz einfältige, schlichte Sich-unwürdig-Geben und -Fühlen.

Paulus weiß uns nach der Richtung wieder eine entsprechende Lektion zu geben: "Wenn ich schwach bin, dann bin ich stark" (2 Kor 12,10). *Wenn* ich schwach bin, das heißt, wenn ich meine Schwäche erlebe ... Die erlebe ich wohl dann am allermeisten, wenn ich alle Kräfte aufgeboten, um alles zu tun, was der liebe Gott durch die Verhältnisse von mir verlangt, und nachher doch überall Brüchigkeit feststelle. Wenn ich schwach bin, wenn ich mich schwach erlebe, dann bin ich stark. Weshalb bin ich dann stark? Jetzt bin ich fast naturgemäß gezwungen, gedrängt, eigene Erbärmlichkeit zu vermählen mit göttlicher unendlicher Barmherzigkeit.

J. Kentenich, aus:
Romvorträge III, S. 143-146

Heimwärts zum Vater
als Ausrichtung der Heilsgeschichte

Was ist der *Sinn der Geschichte? Die beschleunigte, sieghafte Heimkehr und Heimholung der Auserwählten durch Christus im Heiligen Geist zum Vater!* Eine starke Inhaltlichkeit steckt darin.

Von mir aus: Was muß ich tun? Welche Aufgabe habe ich? Ich muß sorgen, daß meine Lebensgeschichte, die Geschichte der mir Anvertrauten, meiner Kinder, meiner Gefolgschaft, meines Volkes eine beschleunigte, sieghafte Heimkehr erfahren.

Vom Vater aus: Ich sehe die Weltgeschichte vom Vatergott aus. Sie ist bedroht vom Teufel, dem Widerpart Gottes. Wollen Sie in der Apokalypse nachlesen, was der Teufel nicht alles versucht hat gegen Gott. Gott aber versteht meisterlich, alles zu benutzen, um sein Ziel zu erreichen: die sieghafte Heimholung der Auserwählten. Auch wir müssen den Teufel überwinden, sieghaft überwinden.

Die Apokalypse ist etwas Außerordentliches, *Beruhigendes.* Sie stellt den Vatergott dar als den Namenlosen, als den, der auf dem Throne sitzt (vgl. Apk 4,2). Es gibt noch einen Thron und einen, der Zeit hat, auf dem Throne zu sitzen. In souveräner Ruhe bleibt er auf dem Throne. Dagegen wir kleinen Menschen, die wir nirgends mehr Ruhe haben. Um so mehr müßten wir unruhigen und verbrauchten Menschen uns dem gegenüber wissen, der auf dem Throne sitzt. Der Vater greift selbst nicht unmittelbar in das Weltgeschehen ein, sondern das Lamm, das wie geschlachtet zu (seinen) Füßen liegt (vgl. Apk 5,6) (Mitschrift: das wie geschlachtete liegt zu den Füßen), lenkt die Welt nach den Plänen des Vaters. Der, der auf dem Throne sitzt, von dem alles Leben ausgeht und (zu dem es) zurückströmt, der weiß das Auf und Nieder der Weltgeschichte zu benutzen, um die Auserwählten heimzuholen an sein Herz.

Der Heiland sagte: "Vom Vater bin ich ausgegangen, ich kehre zurück zum Vater" (Joh 16,28). Alles weist auf den Vatergott, alles soll den Menschen emporziehen zu Gott. Wir mögen denken an die Engel und Heiligen, an die Gottesmutter, das große Zeichen; alles ist da, um die Auserwählten an sein Herz zu bringen.

Ein Dreifaches schließt dieses in sich:
1. Ein beschleunigtes und sieghaftes *Heimweh* nach dem Vatergott.
2. Ein beschleunigtes und sieghaftes *Heimfinden* an das Herz des Vaters.
3. Ein beschleunigtes und sieghaftes *Heimführen* zum Vatergott.

1. Ein beschleunigtes und sieghaftes *Heimweh*. Alles Geschehen soll die Sehnsucht nach Gott wecken. Gott verlangt Heimweh, wenn er uns heimholen soll. Wir nennen es ein sieghaftes Heimweh. Fühlen wir uns nicht glücklich, wenn wir mit Menschen zu tun haben, die Heimweh nach Gott haben? (Was muß nicht alles überwunden werden an teuflischen Einflüsterungen, bis wir den Blick richten können auf Gott!) Es dreht sich um eine apokalyptische Zeit, deshalb beschleunigtes Heimweh. Wenn Gott uns liebe Menschen nimmt, wenn er unsere Häuser einstürzen läßt, was bedeutet das? Wir sollen gelöst werden von den Dingen, sie an zweiter Stelle sehen und die Anhänglichkeit zurück zu Gott lenken. So viel Plunder soll entfernt werden und unser ganzes Sein hineingezogen werden in die Unendlichkeit.

Habe ich dieses Heimweh? Selig, die dieses Heimweh haben! Hunger und Durst nach dem Ewigen, Sehnsucht nach Gott ist immer schon Erfüllung, ist Liebe Gottes, ist Besitz Gottes.

44

2. Dieses sieghafte Heimweh soll werden zum sieghaften *Heimfinden* zu Gott, an das Vaterherz Gottes. (Das) bedeutet: Jede Kleinigkeit findet mich auf dem Wege zu Gott. Bei allen Geschehnissen legen wir die Leiter an für den Verstand, für das Herz, und steigen empor und finden Gott, den Gott des Lebens, überall auf den Zinnen der Ereignisse. Alle Dinge und alles Geschehen benütze ich, um Gott zu entdecken, aus Liebe heraus mit ihm zu sprechen, die Opfer zu bringen, die er von mir erwartet und verlangt. Der Heiland sagt: "Der Vater reinigt die Rebe, damit sie ihre Frucht bringen kann" (Joh 15,2). Ich muß zu Gott finden, und wenn ich bei Gott bin, muß ich auch angeregt werden, fruchtbar zu sein für das Reich Gottes.

Für Gemüt und Praxis: Wir kennen vielleicht die (folgende) Erzählung. Der Vater des Kindes ist Arzt. Er erklärt seinem Kinde: Du bist krank und mußt operiert werden. Ja, Vater, sagt das Kind. Es wird operiert, ohne Chloroform. Doch der Vater ist es und wird das Rechte wissen! Das Messer schneidet in das Fleisch, ein Wimmern und Klagen des Kindes – es tut ja weh! – aber: Vater, du hast mich ja lieb!

Wenn wir überzeugt sind, daß alles, was kommt, vom Vater ist und eine Beschleunigung der Heimholung zum Vater bedeutet, das ist eine gesicherte Haltung allen Situationen gegenüber. Nun mag kommen, was will, ich weiß, alles ist sicher. Das ist das Heimfinden des Gotteskindes zum Vatergott.

3. Haben wir so heimgefunden, ruhen wir so am Herzen Gottes, dann ist es selbstverständlich, daß es sich (auswirkt) im *Heimführen zu Gott*. Ich führe die mir Anvertrauten durch dick und dünn zum Vater. Ich tue das nicht nur verstandesmäßig, sondern dem Herzen nach, dem Leben und der Liebe nach. Und ich weiß, alles Geschehen von mir aus gesehen ist eine Beschleunigung des Heimwehs und Heimfindens und Heimführens zum Vater.

Wenn wir das alles nicht sehen wollen, vergessen wir doch das eine nicht: "Jerusalem, Jerusalem! Wie eine Henne ihre Küchlein habe ich dich um mich versammelt, du aber hast nicht gewollt!" (Mt 23,37; Lk 13,34).

J. Kentenich, aus:
Vorträge in Rottenmünster, 29.4. – 1.5.1946

Väterliche Vorsehung

Du schaust auf uns mit Vaterblick,
läßt teilen uns des Sohnes Glück,
gibst alles, was uns wird zuteil,
zu unserem ewigen Seelenheil.

Ein Gruß von dir ist jedes Leid,
der unserer Seele Flügel leiht,
der uns die Weichen kraftvoll stellt,
das Streben in Bewegung hält.

Er drängt erneut zu dem Entscheid,
daß wir für Christus sind bereit,
bis er allein nur in uns lebt
und in uns wirkt und zu dir strebt.

Aus dem Credo der Werkzeugsmesse
Himmelwärts 26, 2-4

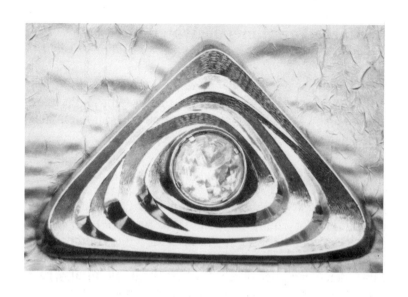

Vatersymbol
bestimmt für die Gründerkapelle
Anbetungskirche, Berg Schönstatt

Dreifache Vorsehung des Vatergottes

Eine gesunde katholische Theologie kennt eine *dreifache Auswirkung des Vorsehungsglaubens*: es gibt einen ganz allgemeinen Vorsehungsglauben, einen besonderen und einen ganz speziellen.

Der ganz allgemeine Vorsehungsglaube

Das Buch der Weisheit (14,3) sagt: "O Gott, du regierst mit deiner Vorsehung das All." Was wird hier vorausgesetzt? Daß der liebe Gott durch seine Güte, durch seine Macht und durch seine Treue alle Dinge zu ihrem Ziele führt: den Vogel, der durch die Luft fliegt, die Pflanze, die Lilie, die da blüht ... Das ist ganz allgemeine Vorsehung. – Bin ich Gegenstand dieser allgemeinen Vorsehung? Zweifellos! Aber ich bin mehr: ich bin als Person Gegenstand der besonderen Liebe der Person des Himmelsvaters. – Es gibt darüber hinaus eine

Vorsehung im engeren Sinne des Wortes

Die Dogmatiker sagen, der Gegenstand dieser providentia specialis seien die begeisteten, begnadeten Wesen. Hierher rechnen sie alle Stellen der Heiligen Schrift sowohl des Alten wie des Neuen Testaments, die den Himmelsvater vergleichen mit einer Henne, einer Mutter und so weiter. Wir sollten solche Stellen zusammentragen und wieder und wieder durchbetrachten. Auch wenn Sie vielleicht einmal ein eigenes Betrachtungsbuch schaffen, müßten Sie in Ihren Betrachtungen immer wieder an derartige Stellen anknüpfen. Beachten Sie die wunderschönen Bilder: das Kind an der Mutterbrust; das Kind, das gewiegt wird auf dem Schoße der Mutter (Jes 66, 11-13); das Kind, von dem es heißt: die Mutter kann es nicht vergessen – und wenn die Mutter es vergäße: "Ich vergesse es nie!" (Jes 49, 15) Oder das Bild von der Henne und den Küchlein (Mt 23, 37; Lk 13, 34). Oder die Stelle bei Matthäus (6, 28-30 par.): Betrachtet die Lilien des Feldes, die Vögel in der Luft: der Vater sorgt für sie; um wieviel mehr für euch, ihr Kleingläubigen! Der Vater ist um jede Kleinigkeit in uns und um uns besorgt. Im Alten Testament gab es in der Hochblüte auch eine spezielle Vorsehung, aber nur für das Volk als Gesamtheit, nicht der einzelne wird von Jahwe geliebt. Das Neue Testament wird nicht müde zu sagen, daß der Vater die einzelnen Menschen liebt und sich bei jedem einzelnen Menschen um jede Kleinigkeit kümmert. Wir sollten diese Dinge wie ein neues Evangelium aufnehmen! – Es gibt noch eine

providentia specialissima.

Diese (ganz spezielle, urpersönliche Vorsehung) trifft den Menschen, der zu den Auserwählten gehört: zu denen, die die Gnade der Beharrlichkeit erlangen; zu denen, die nicht bloß begnadet sind, sondern zur Glorie gelangen. Nun kommt die schwere Frage: darf ich mich zu denen rechnen, die Träger der providentia specialissima sind? Dann gehöre ich zu denen, um deretwillen die ganze Welt geschaffen wurde, wie Paulus sagt. Wer wagt eine Antwort zu geben? Ich stelle nur die Frage. Auf jeden Fall bin ich Träger der providentia specialis, also bin ich persönlich von Gott geliebt. Und wenn ich annehmen darf, daß ich auch Träger der providentia specialissima bin, dann bin ich in einzigartiger Weise von Gott geliebt.

Sie wissen, daß Theologen und Geistesgelehrte, die noch viel tiefer als wir die dogmatischen Zusammenhänge kennen und erkennen, ihrerseits gerne nach *Kriterien* suchen, bei deren Vorhandensein man einigermaßen annehmen darf, *daß man zu den Auserwählten gehört*. Dazu gehört

unter anderem eine tiefe, innige Liebe zur Gottesmutter.
Das wäre wohl eines der sichersten Kriterien, sagen sie.
Das ist aber nur mutmaßlich, nur relativ. Geheimnis bleibt
Geheimnis. Wer einfältig kindlich ist, weiß den Abgrund
zu überspringen. Aber warum sollte ich nicht annehmen,
daß die Gottesgelehrten recht haben.

J. Kentenich, aus:
Exerzititen für die Patres der Missionsgesellschaft
Bethlehem in Immensee (Schweiz), 1937

Krise des Vorsehungsglaubens heute

Wie selten kommt es vor, daß Transparente Gottes sich als anschauliche, wenn auch schattenhafte Abbilder göttlicher Meisterschaft in Verbindung von providentia generalis et specialis (allgemeiner und besonderer Vorsehung) ausweisen und so nach dem Gesetz der Affektübertragung deutlich über sich hinaus auf den Vatergott hinweisen und zu ihm hinführen! Da berühren wir wieder die Bedeutung echter Väter für die Erneuerung der Welt.

Mit anderen Worten: Der Glaube an die providentia divina specialis wird gar nicht oder doch nicht genug lebendig, er bleibt blasse, religiös verbrämte Idee. Praktisch fühlt und weiß man sich von Gott – gewiß aus allgemeinem Wohlwollen – für bestimmte Zwecke der Weltregierung gebraucht, wenn nicht gar mißbraucht, nicht aber so ganz persönlich und individuell aufgenommen und umsorgt, umhegt und umpflegt. Dadurch erlebt sich die Persönlichkeit als solche nicht tief genug in Gott verankert und nicht von ihm geschätzt und gestützt, sondern – wenn auch für göttliche Ziele – entpersönlicht, verzwecklicht, vermasst. So kommt es, daß der Vorsehungsglaube keine Großmacht im Leben einzelner Menschen und ganzer Völker wird und daß außergewöhnliche Zeitkatastrophen ihn heillos in Verwirrung bringen und gottfeindlichen Strömungen und Bewegungen in die Arme treiben.

Das trifft dann vor allem zu, wenn diese – wie es heute der Fall ist – darauf ausgehen, Gott die providentia generalis durch wirtschaftliche Riesenorganisationen mit dem Charakter einer glänzend funktionierenden Weltversorgungsmaschine bewußt aus der Hand zu nehmen, innerweltlich womöglich, wenn auch nur scheinbar, noch besser als bisher zu gestalten und von ihm vollständig zu lösen; und wenn sie durch Theorie und Praxis, das heißt durch Lehre und Leben Vermassung und Entpersönlichung mit Wärme und Glut, mit Lock- und Droh- und Gewaltmitteln als einziges Rettungsmittel aus der Not der Zeit künden und als Ideal preisen, das den einzelnen in der Masse untergehen läßt und den blassen, religiös verfärbten Schein von providentia divina specialis dort, wo sich davon noch spärliche Restbestände vorfinden, mit einem Schlag wegfegt.

So stehen sich heute Gott und sein Affe – der Teufel – wie überall, so auch auf dem Gebiete der Vorsehung gegenüber. Mag sein, daß früher oder später die unterdrückte anima naturaliter christiana (von Natur aus christliche, religiöse Seele) sich dagegen aufbäumt und wieder nach einer metaphysischen, einer religiösen Verankerung schreit und zum persönlichen Gott den Weg findet. Wann aber mag das geschehen? Müssen nicht – menschlich gesprochen, an Wunder wollen wir zunächst nicht denken – Generationen ins Grab steigen, bis solche Wende zu erwarten ist? ... Man erinnere sich an die Reformationszeit ... Was damals geworden, ist bis heute geblieben; wie damals die Würfel gefallen sind, so liegen sie heute noch. Das mag die lebende Generation davon überzeugen, daß sie die Sendung hat, der Zeit auf Jahrhunderte so oder so die Weichen zu stellen ...

Wer aus dieser Sicht heraus Lehre und Leben aus dem praktischen Vorsehungsglauben sieht und deutet, der ahnt, von welcher Bedeutung die gleichnamige Schönstattbotschaft und das entsprechende Charisma für Individuum, Volk und Völker zwecks Rettung von Persönlichkeit und Gemeinschaft und der Anerkennung Gottes im Weltgeschehen ist.

J. Kentenich, aus:
Studie 1952/53

Leiden an der Unbegreiflichkeit Gottes

Dostojewski hat die Unbegreiflichkeiten Gottes in der Weltregierung nicht nur persönlich außerordentlich tief erlebt, sondern auch glänzend dargestellt. Die meisten Helden, die er in seinem Schrifttum auftreten läßt, kommen über diese Unfaßlichkeit Gottes nicht hinweg. Deshalb erleben sie ihn vorwiegend als unlösbare Qual. Aus ihrem Mund dringt der gellende Schrei wieder und wieder zum Himmel empor: "Mich hat Gott mein Leben lang gequält." Oder: "Mich aber quält Gott. Nur Gott quält mich. Was aber dann, wenn er nicht ist?" Und wiederum: "Nicht Gott akzeptiere ich nicht, verstehe mich recht, sondern die von ihm geschaffene Welt akzeptiere ich nicht und kann sie nicht akzeptieren. Die scheinbare Sinnlosigkeit und die zum Himmel schreiende Ungerechtigkeit im Weltgeschehen erpreßt den Aufschrei aus der gequälten Brust: Ich begreife nicht ..., ich will jetzt auch nicht begreifen..." Der leidenschaftliche Aufstand gegen Gott wird dauernd durch Kreuz und Leid jeglicher Art, das zuhauf im Weltgeschehen zu konstatieren ist, genährt. Unbegreiflichkeiten auf Unbegreiflichkeiten auf allen Wegen! "Dieses kleine Wörtlein WARUM ist über das ganze Weltall ausgegossen – schon seit den ersten Tagen der Schöpfung, und die ganze Schöpfung schreit täglich ihrem Schöpfer zu: WARUM? Und nun sind es schon 7000 Jahre, daß sie keine Antwort findet." – "Es sind in erster Linie die namenlosen Leiden der unschuldigen Kinder, die Iwan zur Begründung seines leidenschaftlichen Aufstandes gegen Gott anführt. Unvergeßliche Bilder entrollt der sich auflehnende Iwan gegenüber Aljoscha, Bilder von dem bis auf die Haut entkleideten, vor Angst beinahe bewußtlos gewordenen Knaben, der auf Befehl eines Generals durch eine Hundeschar zu Tode gehetzt wurde. Entsetzlichen Eindruck macht die Erzählung vom fünfjährigen Mädchen, das von der eigenen Mutter mit Kot beschmiert und des Nachts an jenes Örtchen eingesperrt wurde, wo es in Dunkelheit und Kälte mit seinen kleinen Fäustchen an seine schluchzende, magere Kinderbrust schlägt und in der kindlichen Verzweiflung zum "lieben Gottchen" betet. Selbst die höchste Harmonie ist dem modernen Hiob ein Nichts, solange auch nur ein einziges gemartertes Kind noch Tränen weint. Offenbar hat Iwan recht, Gott ist in dem Kinde, das ein Tränlein vergießt – und nicht bei den zungenfertigen Apologeten, die wie Hiobs fromme Freunde Gott mit Unrecht verteidigen, was den Angefochtenen noch vollends empört. Alle diese schrecklichen Begebenheiten stoßen Iwan stets erneut auf die Frage, wozu diese Sinnlosigkeit geschaffen sei. Ich begreife nicht, gesteht er in maßloser Empörung gegen den Allmächtigen, und ich will auch nicht begreifen; denn auf Unsinn beruht die Welt, und ohne diesen Unsinn würde überhaupt nichts geschehen. Es ist das unübersehbare Maß von Tränen der Menschen, mit denen die Erde von ihrer Kruste bis zum Mittelpunkt der Achse durchtränkt ist, die Iwan jede höhere Harmonie zum vornherein ablehnen läßt."

Sucht man nach letzten Gründen für eine solche Einstellung bei einem Dichter, der ungemein tief religiös veranlagt war und von dem man von vornherein hätte erwarten müssen, daß er zu den Unbegreiflichkeiten und Ungerechtigkeiten im Weltgeschehen den richtigen religiösen Standpunkt eingenommen, so geht man wohl nicht fehl, wenn man erklärt: Dostojewski hat in seinem persönlichen Leben den Weg vom gekreuzigten Heiland zum Vatergott nicht gefunden. Buber glaubt sogar feststellen zu dürfen, Dostojewski habe sich so stark und so einseitig an den Sohn geklammert, daß er den Vater abgelehnt habe. Mich dünkt, daß an dieser Auffassung viel berechtigt ist. Man muß sie nur richtig verstehen. Im praktischen

Leben begegnen dem suchenden Seelenführer nicht wenige außergewöhnlich stark religiöse Menschen, die ähnlich denken und empfinden. Sie sehen in ihrer Umgebung viel unverständliches Leid, sie sind auch selber mit dem Kreuz außerordentlich stark gezeichnet. In ihrer Hilflosigkeit schließen sie die Augen vor dem Vatergott, der ob solcher Ungeheuerlichkeiten absolut fremd und unverständlich erscheint, und flüchten sich in den gekreuzigten und seelisch zermarterten Heiland, um gleichsam ihre Sympathie mit ihm zum Ausdruck zu bringen, der vom Vater auch in unbegreiflicher Weise so mißhandelt worden ist. Fest steht jedenfalls, daß die Gestalt Christi vor allem als des Gekreuzigten für den Dichter kein Problem gewesen ist, während die Idee und Person des Vatergottes ihn stets in erschütternde Unruhe versetzte und verwirrte. Er kam bis zum Ende seines Lebens nicht damit zurecht. An Christus hing er mit geradezu leidenschaftlicher Liebe. Er sah seine Sendung darin, dafür zu sorgen, daß Christus vom russischen Volk nicht nur mit dem Kopf, sondern auch mit dem Herzen, mit dem ganzen Herzen umfangen würde. In diesem Sinne sprach er von einem russischen Christus, das heißt von einem Christus, an dem die Seele nach russischer Art mit dem ganzen Herzen und mit dem ganzen Gemüte hängt.

J. Kentenich, aus:
Chroniknotizen 1957

Berechtigte "Los-von-Gott-Bewegung"

Es gibt tatsächlich für uns heutige Menschen eine *berechtigte Los-von-Gott-Bewegung*, und dieser Art von Los-von-Gott-Bewegung sollten wir uns alle anschließen. Das heißt: Los von einem falschen Gottesbild!

Wie sieht dieses *falsche Gottesbild* aus? Es ist das Bild, das viele von uns von Jugend auf mitschleppen. Es ist das Bild, das heute von allen Seiten neue Nahrung bekommt. Weil es ein falsches Gottesbild, ein gefälschtes Gottesbild ist, darum ist es ein selbstgeschnitztes Gottesbild. Wir dürfen aber kein selbstgeschnitztes Gottesbild anbeten, es mag sein und heißen wie auch immer. Wie sehen die selbstgeschnitzten Gottesbilder aus? Es ist das *diktatorische, das verweichlichte und das einseitig vermenschlichte* Gottesbild! ...

Kurz ein paar charakteristische Merkmale selbstgeschnitzter Gottesbilder.

Das *diktatorische Gottesbild* besteht darin, daß der lebendige Gott als Diktator aufgefaßt wird, als ein Schutzmann, der sorgfältig darauf bedacht ist, daß die von ihm erlassenen Gesetze, seine Wünsche haarscharf durchgeführt werden; der glücklich ist, wenn er einen der Seinen bei irgendeinem Fehler ertappt, damit er ihn bestrafen kann. Los von Gott, los von diesem Gottesbild, das heißt vom Diktatorenbild!

Wie sieht das *wahre Gottesbild* aus? Wissen Sie noch, was wir uns heute morgen sagen ließen vom Sieg des Dreifaltigen Gottes über uns, aber auch von unserem Sieg über den lebendigen Gott? Wann siegen wir? Wenn wir unerschütterlich festhalten am Bilde des *barmherzig-liebenden Vatergottes*. Wir heutige Menschen, auch wir Schönstattkinder, können nicht existieren, wenn wir nur den gerecht liebenden Gott in den Vordergrund stellen, denn wir sind heute alle so schwach. Wenn wir an die Zeit denken und an alles, was der liebe Gott uns durch die modernen Verhältnisse zumutet, sollten wir uns eigentlich wundern, daß wir nicht noch viel schwächer sind. Wenn wir überlegen, wie wuchtig das alles ist, was heute auf uns lastet, werden wir alle sagen müssen: Wenn das Bild des gerechten Vatergottes uns trägt, wahrhaftig, dann können wir Schluß machen, dann sind wir morgen, übermorgen entweder verrückt vor lauter ethischen Forderungen, die wir an uns stellen und glauben stellen zu müssen, oder aber wir brechen körperlich total zusammen ...

Es gibt noch ein anderes geschnitztes Bild, das wir abschaffen, wovon wir mehr und mehr Abstand nehmen sollen. Wie sieht dieses Bild aus? Es ist genau das Gegenstück: Es ist der *verweichlichte Vatergott*. Auch hier wieder die Bitte, ins Leben hineinzuschauen, auch ins eigene Leben. Der verweichlichte Vatergott ist – kurz charakterisiert – der verweichlichte Großvater, der Angst hat, Forderungen an seine Gefolgschaft zu stellen, der auch keine Kraft dazu besitzt, der froh ist, wenn er mit seinem Sessel vor die Türe gesetzt wird. Man meint, Gott dürfe keine Forderungen stellen, wie der ewige Vatergott sie an seinen eingeborenen Sohn gestellt hat. Wenn wir so häufig hilflos sind, wenn wir nicht recht Antwort zu geben wissen auf die Frage nach der Sinnerfüllung unseres Lebens, auf die Sinnhaftigkeit oder Unsinnigkeit der Weltregierung, schauen wir dann bitte immer wieder hin auf das Bild des menschgewordenen Gottessohnes. Wie hat der Vater an seinen Eingeborenen Forderungen gestellt!

Noch einmal: Wenn Sie keine Antwort wissen, haben Sie immer die eine Antwort bereit: Der liebe Gott hat uns geschaffen, damit wir Christus gleichgestaltet werden und uns bemühen, die ganze Welt in Christi Bild umzuformen. Wie sieht das Bild Christi und damit auch das Ebenbild Gottes aus? Der für uns das schwere Kreuz getragen, der für uns gekreuzigt worden ist! Erinnern wir uns noch an das, was wir uns heute morgen von unseren Bundes- schwestern vom Todesweg sagen ließen? Sehen Sie, der liebe Gott verlangt einfach von uns allen den Todesweg: Tod dem eigenen krankhaften Ich! Leben dem unendli- chen Gott, dem Vatergott, der nicht mit uns spielt; der uns mag, der uns letzten Endes aber in derselben Weise an sich ziehen will, wie er den Heiland an sich gezogen hat.

Ein letztes Bild, dem wir den Abschied geben sollten: Es ist *das zu stark vermenschlichte Gottesbild.*

J. Kentenich, aus:
Delegiertentagung der Schönstattfamilie, 14. -18.10.1967

Weltgrundgesetz der Liebe

Das Wesen Gottes ist Vatersein. Diesem Vater*sein* entspricht der Vater*sinn* Gottes. Sehen Sie, daher die große Tatsache, das Weltgrundgesetz.

Alles tut der liebe Gott *aus Liebe, durch Liebe* und *für Liebe.*

Alles aus Liebe

Der Hauptbeweggrund für das göttliche Handeln ist seine väterliche Liebe. Es gibt auch Nebenbeweggründe, zum Beispiel die Gerechtigkeit Gottes, der schöpferische Gestaltungswille Gottes, aber der Hauptbeweggrund ist der göttliche Mitteilungswille, ist die Liebe. Diese Liebe ist so schöpferisch, daß sie die Gerechtigkeit und den Gestaltungswillen Gottes in Bewegung setzt.

Väterlichkeit ist bei Gott nicht gleichbedeutend mit Großväterlichkeit. Der Vatergott darf auch weh tun. Er ist auch der gerechte Gott, aber die Gerechtigkeit wird jeweils in Bewegung gesetzt durch die Barmherzigkeit, durch die väterliche Liebe. Alles tut der liebe Gott aus dem Hauptbeweggrund der Liebe. Was heißt das? Die Antwort ist überaus wichtig.

Alles durch Liebe

Der liebe Gott will den Menschen an sich ziehen durch anschauliche Beweise der Liebe. So verstehen wir an sich die Menschwerdung, so versteht man die Kreuzigung, so verstehen wir die ungeheuer vielen Wohltaten, mit denen uns Gott überschüttet: durch anschauliche Liebeserweise möchte der Himmelsvater unsern Liebestrieb an sich binden.

Hier offenbart sich der wundersam pädagogische Meistergriff des urgewaltigen Gottes. *Gott hat in das menschliche Herz als den edelsten Urtrieb hineingebaut, den Liebestrieb.* Davon müssen Sie sich überzeugen... Der wesentlichste Urtrieb ist nicht Furcht, sondern Liebe. Beweis (ist) unter anderem die Tatsache: Wenn ich einen Menschen am Zipfel der Liebe habe, dann habe ich den ganzen Menschen; durch Furcht habe ich ihn nur so lange, als er unter meinem Einfluß steht. Der Liebestrieb ist der wesentlichste Urtrieb. Hören Sie zum Beispiel den heiligen *Augustinus* sprechen. Er spricht von der Liebe als der Schwerkraft der Seele. *Franz von Sales* hebt hervor: Wie der Leib für die Seele, so ist die Seele für die Liebe geschaffen! Der große Künstler, der große Baumeister der Welt, der unendlich barmherzige, gütige und allmächtige Gott weiß, daß der Liebestrieb des Menschen am stärksten geweckt wird, wenn dieser Trieb selbst überschwenglich mit Liebe sich umgeben weiß. Der liebe Gott, dieser große Künstler und Pädagoge, möchte den Liebestrieb an sich binden.

Alles für Liebe

Was heißt das, für Liebe? Was will der liebe Gott mit der Kreatur? Er will sie in eine tiefe Liebesvereinigung mit sich bringen. Das ist der Sinn der Schöpfung und der Erlösung: wir sollen eine ganz tiefe, innige Liebesverbindung mit Gott eingehen.
Wissen Sie, was ich damit schnell umreiße? Die große Tatsache, daß Gott nicht nur Vatersein, sondern auch Vatersinn sein eigen nennt. Die väterliche Gesinnung ist der Beweis für das große Weltgrundgesetz: Alles aus Liebe, durch Liebe und für Liebe.

J. Kentenich, aus: Exerzitien für die Patres der Missionsgesellschaft Bethlehem in Immensee (Schweiz), 1937

Ein Narr der Liebe

Wie steht es um mein Verhältnis zum lieben Gott? Erlebe ich ihn auch wirklich so durch und durch als Gott der Liebe? Wenn Sie das einmal anders ausdrücken wollen, müssen Sie so sagen: Gott ist so stark die Liebe, daß Sie sagen müssen, *Gott ist ein Narr der Liebe*. Was heißt das? Er benutzt alles, alles, um mir seine Liebe zu beweisen. Das sagen wir so schnell nach, aber wenn wir davon überzeugt wären, dann würde jede Kleinigkeit ein Gruß seiner Liebe sein, besonders dann, wenn wir Enttäuschung erleben. Die Enttäuschungen unseres Lebens müssen wir als den schönsten Gruß Gottes, als ein Liebeswerben Gottes auffassen. Das müssen wir aber auch wach aufnehmen nach der Richtung, damit das Herz wieder neu geöffnet wird für Gottes Liebe. Wenn wir den rechten Vaterbegriff herausmeißeln wollen, dann hängt soviel davon ab, daß wir gerade die Enttäuschungen als Liebeswerben auffassen, um auch eine umfassende Liebesantwort zu geben.

Gottes Liebe ist so unermesslich groß; er ist ein so großes Liebesmeer, daß wir – wenn wir ein menschliches Wort prägen wollen, das dies einigermaßen wiedergibt – sagen müssen: Er ist ein Narr der Liebe! Wann ist man ein Narr der Liebe? Wenn man sich nicht mehr kennt, nur noch Liebe, Liebe kennt. Ob ich davon überzeugt bin, daß Gott *nicht nur in sich* die Liebe ist, sondern *auch für mich* die Liebe ist? Alles, was er denkt, sind Gedanken der Liebe; alles, was er verfügt, sind Fügungen der Liebe.
Wir haben gesagt, wir sollten einmal fragen, wenn uns irgend etwas Unangenehmes trifft, was dann die Reaktion ist. Entweder ist die Reaktion träge Unempfindlichkeit oder (die Frage:) Was hast du verbrochen? Nein, es müßte (die Frage) sein: Was mag Gott für mich wieder als Liebesgabe vorgesehen haben? Wenn Gott der Narr der Liebe

ist, dann heißt das, auch wir müssen Narren der Liebe werden.

Wir haben darüber gesprochen, wie und woher es kommt, daß im Abendland *ein anderes Gottesbild* für unser Herz geprägt ist; woher es kommt, daß wir in unserem Gottesbild *viel stärker den Gott der Gerechtigkeit als den Gott der Liebe* sehen. Das kommt zum großen Teil von unserem irdischen Vaterbild her. Das Gottesbild, wie man uns das gezeichnet hat, hat im allgemeinen nicht die ausgeprägten Züge, wie Gott das Bild eigentlich von uns innerlich bejaht wissen will.

Wir haben ausführlich darüber gesprochen, wie es sich hier um zwei Züge im Vaterbild handelt. Wenn ich so spreche von einer Weltanschauung, dann wissen wir: Unsere Weltanschauung ist in hervorragender Weise der schlichte Vorsehungsglaube. Wir glauben, daß Gott einen Plan entworfen hat von unserem Leben, und dieser Gott, der den Plan entworfen hat, ist ein Gott der Allmacht, der Gerechtigkeit, der Weisheit und der Liebe.

Jetzt ist die Frage: Welcher Zug ist denn am meisten wirksam gewesen bei diesem Lebensplan? Gott ist die Liebe, Gott ist die Gerechtigkeit, das sagt die Hl. Schrift. Aber jetzt fragt der denkende Geist gern: Was ist das Allerletzte, was die Quelle, aus der alle anderen Eigenschaften gespeist werden?

Jetzt gibt es im Laufe der Jahrhunderte zwei *Auffassungen*, es ist ein doppelter Strom, der durch die ganze Kirche hindurchrauscht. Das war schon am Ende des 2. Jahrhunderts, da haben sie ihre Auffassung von Gott auch in die Öffentlichkeit hineingetragen. Der eine war *Tertullian*. Er hat die Gerechtigkeit stärker in den Vordergrund gestellt. Er lebte immer aus dem Gedanken: *Gott ist die Gerechtigkeit!* Daß das wahr ist, wissen wir. Deswegen verlangte er Gott gegenüber immer einen kühlen Abstand.

Wenn Gott der Gerechte ist, was ist dann die *Reaktion?* Selbstverständlich *die Furcht.* Furcht antwortet auf die Gerechtigkeit.

Die zweite Strömung geht von *Klemens von Alexandrien* aus. Er hat gelehrt, was wir lehren. Es war ihm selbstverständlich, daß der *begnadete Mensch die Lieblingsschöpfung Gottes ist.* Dasselbe sagen wir. Diejenigen, die das noch nicht erlebt haben, daß wir wirklich die Lieblingsschöpfung Gottes sind, können das nicht verstehen, und daher kommt es auch, daß wir angegriffen werden. Das ist eine Richtung, die durch die Jahrhunderte geht.

Wenn Klemens von Alexandrien das hörte, daß wir in dem Punkt angegriffen werden, daß wir nicht mehr sagen sollen: Schönstatt ist die Lieblingsschöpfung Gottes, der würde sich schämen. Er würde sagen: Das sind wir alle: Lieblingsbeschäftigung Gottes. Gott hat keine liebere Beschäftigung, als sich mit seinem Kinde abzugeben. Sollen wir deswegen nachgeben, weil andere anders empfinden? Das wäre ja ganz schlimm.

Wann kann ich den lieben Gott am besten zu meiner Lieblingsbeschäftigung machen? Wenn ich weiß, daß er mich zu seiner Lieblingsbeschäftigung gemacht hat. Wenn Gott ein Narr der Liebe zu mir ist, was ist dann meine Aufgabe? Auch wir müssen kleine Narren der Gottesliebe werden. Närrisch von Liebe sein! Es liegt an sich in jeder Liebe so etwas wie eine Ekstase, ein Aus-sich-Herausgehen, das ganze Herz geht aus sich heraus. Und nun ist es eine gewisse Tragik, daß das Gottesbild, wie Tertullian es gezeichnet hat, im Abendland gesiegt hat. Das ist die abendländische Auffassung, zum Teil auch unsere Auffassung. Wenn wir nicht brav gewesen sind und die Eltern wußten nichts mit uns anzufangen, dann hieß es: Du kommst in die Hölle! Diese Auffassung ist im großen und ganzen übergegangen in das öffentliche Bewußtsein.

Viel hat dazu beigetragen der Kampf um (das Buch) "Die Nachfolge Christi". Deswegen ist *auch das Menschenbild davon geformt.* Das Verhältnis zwischen Gottes- und Menschenbild bestimmt die Weltauffassung.

In dem Buch werden die Schwächen der Menschen stark hervorgehoben. Es wird von "Schweinen" geredet, vom "Düngerhaufen". Das sind alles Wahrheiten, aber da bleibt der Mensch zu stark stehen bei seinem Kleinsein, bei seinem Nichtssein. Wir haben das fertiggebracht, unser Kleinsein auf uns wirken zu lassen, aber es sofort zu benutzen, um Gottes Wohlgefallen auf uns herabzuziehen. Auch wenn das Kind Angst und Furcht hat, dann ist das kindliche Furcht. Das ist immer bloß, weil ich weiß: Dadurch ziehe ich des Vaters Liebe besonders auf mich herab.

Für uns ist deswegen die Frage lebendig: Wie steht es denn um unser Gottesbild? Ist es klar ausgeprägt? Ist es das Vaterbild? Da muß ich Ihnen schon sagen, bei ganz vielen von uns ist es nicht das Bild der ausgesprochenen Güte. Es gibt Dinge, die sitzen so tief im Gemüt. Ich müßte noch einmal wiederholen: Was ist die Reaktion, wenn Kreuz und Leid über uns kommen? Gott will mir eine ganz besondere Gnade schenken. Das setzt voraus, daß Sie Gott zuerst als den Mitteilsamen auffassen. Darauf kommt es an, daß mein Gemüt ganz tief davon durchdrungen ist, daß Gott die Liebe ist. Wenn die Seele sowieso nicht mehr den Zug hat, zu Gott emporzuschauen, wie wird das doppelt erschwert, wenn der Blick nach oben immer den Gott der Gerechtigkeit sieht. Aber wenn man den Gott der Liebe sieht, dann werde ich viel mehr angeregt, ihn auch liebend anzuschauen.

J. Kentenich, aus: Vortrag für Schönstätter Marien-schwestern in Nueva Helvecia/Uruguay, 3.9.1949

Lieblingsbeschäftigung Gottes

Wir müssen die lebendigste Überzeugung haben, daß Gott einen Plan entworfen hat, nicht bloß einen Weltenplan, sondern auch einen eigenen Plan für mein persönliches Leben. Wer hat diesen Plan entworfen? Nicht bloß Gottes Weisheit und Allmacht, sondern auch Gottes *Liebe*. Es ist deswegen ein Weisheits-, Allmachts- und vor allem ein Liebesplan. Sie müssen das Wort genau hören: mein Leben – ein *Liebesplan*. Das ist wahr. Was das besagt? Wenn wir uns mit beiden Füßen, mit unserem ganzen Sein lebensmäßig auf diesen Boden stellen können, sind wir in alleweg sicher gestellt – auch wenn wir im Einzelfall nicht ein und aus wissen; wenn nur von vornherein die Einstellung da ist: Das ist ein Liebesplan. Ich weiß dann: In diesem Plan hat genau das oder jenes Leid gestanden. Vorsehungskind sein heißt: auf dem Boden stehen, daß jegliches Schicksal – ... Freude, Leid, Enttäuschung – ein wesentlicher Bestandteil des Allmachts-, Weisheits- und Liebesplanes Gottes ist. In allen Situationen erlebt sich das Providentia-Kind als Lieblingskind Gottes. Es ist nicht so, als ob Gott schlafen würde. Es ist vielmehr so, als wären Gott und ich ganz allein auf der Welt, mit einer solchen Sorgfalt hält er die Fäden meines Lebens fest. Ich, die Lieblingsbeschäftigung Gottes und Gott meine persönliche Lieblingsbeschäftigung! Das heißt praktisch Providentia-Kind sein. Sie mögen dafür das andere Wort einsetzen: Zu unserer wesenhaften Struktur, zu unserer Spiritualität gehört die einfältige Kindlichkeit. Wir haben nicht umsonst gesprochen von der Genialität der Naivität. Naivität ist nicht Primitivität. Naivität ist Kindlichkeit, der Geist der Kindlichkeit, Providentiageist. Wir haben vor Jahren einmal ausführlich über diese Dinge gesprochen und haben den Gedankengang uns eingeprägt unter *einigen Bildern*. Es gibt ja Dinge, die kann man gar nicht häufig genug hören (...).

Ein Beispiel aus der Zeit nach dem Kriege – ich habe es gut behalten, weil es so drastisch ist. Nach dem Kriege herrschte überall Wohnungsnot. Irgendwo im Norden, in der Nähe von Köln, wohnte ein junger Kaufmann. Er war verheiratet, und der Herrgott hatte ihm auch ein Kind geschenkt. Aber die Familie war zusammengepfercht in ein Zimmer. Der Kaufmann hatte viele schriftliche Arbeiten zu erledigen. Sie können sich vorstellen, wie das war: die Frau hat gekocht, das Kind hat geschrieen, der Mann gearbeitet. Die Wirkung: der Mann ist nervös geworden. Die arme Frau hat darunter gelitten, aber sie war so vernünftig und sagte zu ihm: Du mußt zum Nervenarzt gehen. Der Mann wehrt sich, ist dann aber doch gegangen. Das durfte die Frau aber nicht wissen. Er kommt zurück in sein Zimmer. Der Kleine hat weitergebrüllt, die Frau weitergekocht, aber der Vater war gewandelt, er ist nicht mehr nervös geworden. Da hat die Frau sich ein Herz gefaßt und gefragt: "Was hat denn der Arzt gesagt?" Der Mann darauf: "Wir wollen uns doch freuen, daß der Kleine so brüllt, dann haben wir nachher einen gesunden Stammhalter!" – Da steckt viel Lebensweisheit dahinter. Sie müssen das vom religiösen Standpunkt aus tun: alles, was schwerfällt, zum Gegenstand der Freude machen. Dann ist meist der Stachel gebrochen. Was wollen wir? Was der liebe Gott will. Das greift noch nicht das Letzte. Jetzt muß ich mir vorsagen: Was der liebe Gott will, ist genau das, was *ich* wollte. Z.B. meine Schwester zu Hause ist hysterisch? Genau das, was ich wollte! Sie müssen sich das einmal vorstellen: Mit einer solchen Schwester ist nicht gut Kirschen essen. Sie können sich denken, was das für ein Leid ist. Wenn Sie dann auch noch lamentieren! Nein: Genau das, was ich wollte! Oder: Was hatte ich früher für eine nette Wohnung, und jetzt ...! Genau das, was ich wollte! – Sie müssen einmal all das Kreuz und Leid prüfen, das uns innerlich so quält. Wissen Sie, ohne Leid geht es halt nicht ab. Wir, die wir älter geworden sind, merken, um uns herum ist es einsamer geworden. Früher ging es nicht ohne uns. Und heute? Genau das, was ich wollte!

Verstehen Sie, wieviel Lebensweisheit in solchen Dingen steckt? Das ist die Lebensweisheit des Providentia-Kindes. Das muß uns in Fleisch und Blut übergehen. Die Meisterung des Lebens zeigt sich darin, daß wir Freud und Leid meistern. (...) Ein anderes Bild, das mir während der Zeit meiner Gefangenschaft sehr häufig vor Augen geschwebt hat, ein einfältiges Bild: Stellen Sie sich vor: eine Mutter hat ein Kind zu gewärtigen. Wird nicht eine Mutter *die besten Windeln* vorbereiten für das Kind? Dies Bild ist mir immer durch den Kopf gegangen, als ich plötzlich aus einer Überfülle von Arbeit unter die Erde gesteckt wurde (im "Bunker" des Gestapo-Gefängnisses). Jetzt war auf einmal Schluß der Vorstellung. Menschlich gesprochen hätte man zusammenbrechen müssen. Der Gedanke: Das sind die besten Windeln, die der liebe Gott für dich vorbereitet hat, hat mich alles meistern lassen. Können Sie sich vorstellen, daß das Bild wirken kann? Ist das das Providentia-Kind, das festhält: Du bist Lieblingsbeschäftigung Gottes?

Auch in Dachau blieb immer die innere Einstellung: Das sind die besten Windeln! Da wurde z.B. einer totgeschlagen, und man mußte damit rechnen: gleich ist die Reihe an dir. Was ist das? Das sind die besten Windeln! Das ist das alte Gesetz: Wenn eine Latte stark nach links gebogen ist, und ich will sie in die Mitte bringen, muß ich sie stark nach rechts biegen. Sie müssen es als ein ausnehmendes Ziel vor Augen haben, das, was schwerfällt, zum Gegenstand der Freude zu machen – nicht rein ethisch, sondern immer in Beziehung zu Gott.

J. Kentenich, aus:
Tagung für den Schönstatt-Frauenbund, 29.12.1950

Das geheimnisvolle Gewebe des Liebesplans

Wenn wir jetzt einen Augenblick von uns absehen und hineinschauen in die heutige Welt mit ihrem Wirrwarr und in all die Situationen, von denen wir diese Nacht gesprochen, die uns etwa erwarten: steckt nicht auch dahinter ein Plan, und zwar ein Liebes(plan)? Klingt ja alles so eigenartig! Es soll also ein Liebesplan dahinterstecken, ein Weisheitsplan; da soll dahinterstecken ein Allmachtsplan, wo der Herrgott doch augenscheinlich dem heutigen Weltgeschehen gegenüber selber ohnmächtig zu sein scheint? Ich muß immer wieder bitten, die Schwarzmalereien möglichst ernst zu nehmen; in Worte zu kleiden, was in meinem Herzen wirklich vor sich geht; was der Verstand in stillen Stunden halt immer wieder und immer wieder brütet, worüber er nicht hinwegkommt. Steckt nicht ein Plan dahinter? Hat also, um ein anderes Wort zu gebrauchen, der heilige Augustinus recht, wenn er einmal sagt – (er) hat es ja so glänzend verstanden, Lebensfragen in Form zu gießen –: Doch, von Ewigkeit hat der liebe Gott einen Plan – einen Allmachts-, Weisheits-, Liebesplan – ersonnen, mit Sorgfalt entworfen, um es menschlich auszudrücken; und zwar einen Plan, in dem ich nicht etwa als bloße Nummer stehe, mit der man spielen kann, also irgendwie ein Wesen, das da und dort nur Löcher zu stopfen hat, das aber keinen Namen hat, an das niemand, ja vor allem der ewige, der unendliche Gott nicht gedacht hat. Aber, fügt er hinzu, dieser Plan ist selbstverständlich ein geheimnisvoller. Den hat der liebe Gott nicht jedem wie einen Spiegel gleich von Anfang an vor die Nase gestellt, daß er hineinschauen, daß er vergleichen kann: so ist der Plan, und wie sieht die Wirklichkeit, wie sieht die Verwirklichung aus? Nein, nein! Beileibe nicht! So war das nicht! Das wäre sonst leicht! Dann wüßten wir Bescheid, wüßten auch letzten Endes, wie das alles ausgeht. Ein Plan. Aber der Plan, so fügt der heilige Augustinus bei – das Bild ist uns ja wohl bekannt –, ist einem Gewebe, einem Wandbehang zu vergleichen. Der hat also eine rechte und eine linke Seite. Auf der linken Seite: verworrene Fäden. Wer mag dort hinschauen? Ästhetische Menschen können das nicht einmal ansehen! Verworren. Und trotzdem, von der rechten Seite aus betrachtet: ein glänzendes Kunstgewebe, ein glänzender Plan ist hier durchgeführt. Lebensplan. Ob mein Lebensplan auch so aussieht? Was wäre das ein Glück, wenn ich jetzt, nachdem ich älter geworden bin, nachdem ich sowieso mit der Nase darauf gestoßen werde, des öfteren auch in mein eigenes Leben, in mein Schicksal hineinzuschauen (wagte)! Was wäre das ein Glück, wenn es mir jetzt schon möglich wäre, den Teppich auch einmal ein klein wenig von der rechten Seite aus zu betrachten!

Der heilige Paulus, den wir ja so gerne examinieren, der hat uns einmal eine grandiose Antwort gegeben auf Fragen, die uns heute durchweg belasten und belästigen: Diligentibus Deum omnia cooperantur in bonum – denjenigen, die Gott lieben, gereichen alle Dinge zum Besten (Röm 8, 28). Für die löst sich letzten Endes alles in glänzendes Wohlgefallen auf. Die wissen – und wenn es im Leben auch noch so schmutzig hergegangen ist, alles zerzaust (wurde), nicht nur die Haare, nicht nur die Kleider, auch der arme Körper zerzaust, zerschlagen, zermartert worden ist –, die wissen alle und immer wieder: dahinter (steht ein) Liebesplan, Liebesweisheit, Liebesallmacht. Ich wiederhole: nicht so, daß wir das jetzt nur glauben wollen! Es sagen uns die Gottesgelehrten – und wir, die wir nicht von gestern sind, können das sehr gut nachfühlen –, daß eine der wesentlichsten Glückseligkeitsquellen in der Ewigkeit nebst der Anschauung, der unmittelbaren Anschauung Gottes darin bestehe, daß wir rückschauend in die Geschichte der Zeit und Welt – wir haben ja alle eine Stück Weltgeschichte mitgemacht – die wundersamen Weisheitspläne des ewigen Gottes erkennen würden, die sich darinnen verwirklicht haben.

J. Kentenich, aus:
Predigt für die deutsche Gemeinde in St. Michael
in Milwaukee, USA, 25.12.1964
(Aus dem Glauben leben, Bd. 15, 183-185)

Vorerlebnisse im Blick auf Gottes Vaterschaft

Ehre dem Vater,
dem Höchsten und Letzten,
dem Urgrund allen Seins und Lebens!

Ehre dem Vater,
der auf dem Throne sitzt,
dem Absoluten und Unendlichen!

Ehre dem Vater,
dem ewig Ruhenden und Unveränderlichen!

Ehre dem Vater,
dem Allgegenwärtigen und Allwissenden,
dem Allweisen und Allmächtigen!

Ehre dem Vater,
dem unendlich Gütigen und Getreuen,
dem Wahrhaftigen und Gerechten!

Ehre dem Vater,
dem unendlich Heiligen und Vollkommenen!

Ehre dem Vater,
dem unendlich Barmherzigen,
der das gefallene Kind aufhebt
und erbarmungsvoll
wieder in seine Vaterarme nimmt!

Sr. M. Emilie Engel, 1893-1955
Schönstätter Marienschwester

Gnadenstuhl-Darstellung
im Vaterhaus Berg Sion, Schönstatt

Transparente des unsichtbaren Vatergottes

Edle natürliche und übernatürliche Ebenbilder Gottes machen es dem denkenden Menschen leichter, vom Abbild zum Urbild emporzusteigen und eine greifbare Vorstellung zu bekommen von dem unendlich vollkommenen Gott. Besonders grundgütige Menschen haben hier eine wichtige Sendung. Sie sollen dem sinnenhaft-suchenden Menschen den gütigen Gott verständlich machen. Solche Erkenntnisse und Beobachtungen sind geeignet, uns anzuregen, Gottes Herrlichkeiten durch Sein und Leben möglichst vollkommen auszustrahlen. Welche Bedeutung die Gottesmutter für den Begriff des Gottes der Güte hat, ist uns gut bekannt. Wie oft durften wir sagen: Durch sie ist das mütterliche Prinzip in die Heilsordnung aufgenommen; durch sie nehmen Gottes herbe, oft allzu männliche Züge frauliche, mütterliche Gestalt an. Wer in schweren Stunden sich eine harte Zukunft ausgemalt und in kraftvoller Weise mit innerem Erzittern und Erbeben sein Fiat, Deo gratias, Sitio (Es geschehe; Gott sei Dank; ich sehne mich danach.) gesprochen, der weiß, von welcher Bedeutung es ist, wenn man sich dann aus Überzeugung sagen kann: Dieser Gott, dem du dich willenlos ausgeliefert, ist aber kein Tyrann. Er ist gut wie eine Mutter – so wie die Gottesmutter in der Heiligen Schrift sich bei den verschiedensten Gelegenheiten gibt.

Was er tut, ist zweifellos zu deinem Besten. Und wenn eine Mutter ihres Kindes vergäße, er vergißt meiner nicht (Js 49,15). In seine Hände hat er mich voll Liebe und Erbarmen geschrieben (Js 49,16).

Uns ist das Bild der lieben Gottesmutter tief ins Herz gegraben, ein Bild so schön und wundermild; darum hat das Antlitz Gottes für uns trotz der männlichen, herben, trotz der göttlichen Kraft auch liebe, göttlich-milde Züge. Es fällt uns wegen unseres Verhältnisses zur lieben Gottesmutter so leicht, von Herzen zu sagen: Gott ist wirklich unser Vater.

Besonders nah tritt uns Gottes Licht- und Liebesgestalt im Bilde seines Sohnes. "Der Vater wohnt in unzugänglichem Licht" (1 Tim 6,16). "Niemand hat ihn je gesehen als der, der vom Vater stammt: der Sohn" (Joh 6,46). Der Vater ist uns vollständig entrückt. Kunde erhalten wir von ihm lediglich durch den Sohn – sowohl durch sein Wort als durch sein Sein und Wirken. Der Sohn ist die einzige vollwertige Offenbarung des Vaters. Darum kann er auch sagen: "Wer mich sieht, sieht den Vater" (Joh 14,9). Und die Liturgie läßt uns beten und singen: Ut per amorem visibilium ad amorem invisibilium rapiamur. (Daß wir durch die Liebe zu den sichtbaren Dingen in die Liebe zu den unsichtbaren Gütern emporgeführt werden. Vgl. Weihnachtspräfektion!)

Je mehr wir also den Sohn kennen und lieben lernen, desto mehr verstehen wir die Züge des Himmelsvaters ...

Wie oft muß das Bibelwort wiederholt werden: "In eurer Mitte ist der, den ihr nicht kennt" (Joh 1,26). So viele Menschen sind gottesflüchtig, weil sie christusflüchtig sind. Viele Katholiken, Priester und Ordensleute haben einen einseitigen, verzerrten, verhärteten Gottesbegriff, weil sie den nicht kennen, den er gesandt ... Darum verstehen sie ihn auch nicht, wenn er in echt väterlicher Weise zugreift, wenn er wehe tut, wenn er Wunden schlägt, Enttäuschungen, Leiden, Verfolgungen aller Art schickt ... Wer ganz aus der Gotteskindschaft lebt, dem fällt es in solchen Fällen nicht schwer, Franz von Sales das Wort nachzusprechen, das er einem Kind in den Mund legt, das sein Vater, ein Arzt, operieren muß. Durch allen schneidenden und brennenden Schmerz, durch alle Tränen hindurch kennt es nur den einen Seufzer: Vater, was hast du mich doch lieb ...

Weshalb ich Ihnen das alles sage? Sie werden mir antworten: Das sind Binsenwahrheiten, die wir schon so oft gehört haben. Was darf ich erwidern? Warten Sie einmal, bis Sie mit Menschen zusammenkommen, die unter all diesen Einseitigkeiten so schwer leiden, daß sie täglich in Gefahr sind, zusammenzubrechen. Dann werden Sie verstehen, weshalb ich diese wichtigen Wahrheiten immer neu einprägen möchte...

J. Kentenich, aus:
Studie für Schönstätter Marienschwestern aus dem Gefängnis, Januar 1942

Notwendigkeit von Vorerlebnissen

Was Sie jetzt in den Tagen hören, das ist ja an sich – fast möchte ich sagen – zum Teil ein neues, zum Teil ein altes Evangelium. Es geht darum, das richtige Gottesbild uns anzueignen: der Vatergott! Ja, Gott ist Vater, Gott ist gut: gut ist alles, was er tut. Worte, die wir vermutlich schon alle gehört haben, aber die verhältnismäßig selten ins Herz dringen. Ich erinnere mich an so manche Fälle, wo man, nachdem man sich tief in Schönstatt eingelebt, bekannte: Eines der größten Geschenke, die wir durch Schönstatt von der Gottesmutter erhalten, das ist das Vaterbild Gottes. Ja, gleich weiter wurde dann vielfach das Geständnis abgelegt: Bisher haben wir überhaupt noch keinen Begriff vom Vatergott gehabt!

Es ist natürlich auch heute sehr schwer, wenn wir an alle die Schicksalsschläge denken, die wir alle durchgemacht, die die Welt durchgemacht, nun zu glauben, daß derjenige, der die Zügel der Weltgeschichte in der Hand hat, wirklich Vater ist; ist schon ein schweres Stück, das anzunehmen. Wir sind ja, so meine ich, im Grunde alle bereit zu sagen: Wenn ich an Gottes Stelle wäre, und ich sollte wirklich Vater der Menschheit sein, da würde ich ja nie zulassen, was heute alles geschieht! Wir brauchen bloß an die Massenmorde zu denken, an das Kreuz und Leid, das wir heute alle tragen! Gewiß, wir würden sagen, daß das zu allen Zeiten so gewesen, aber doch noch nicht in so schrecklichem Ausmaße. Es ist also an sich schon recht schwer, heute daran zu glauben, im praktischen Alltag daran zu glauben und das auch zu leben, zu erleben: Gott ist Vater, Gott ist gut: gut ist alles, was er tut.

Sehen Sie, hier fängt unsere große Sendung an. Sie müssen sich sagen lassen, sich daran erinnern lassen – vielleicht ist das ein Stück Ihres eigenen Lebens, was hier vor Ihnen steht –: Wenn wir ein richtiges Verhältnis zum Vatergott haben wollen, geht das normalerweise nur, wenn wir vorher Vorerlebnisse gehabt haben. Was heißt das, Vorerlebnisse? Wenn wir selber kein echtes, rechtes Verhältnis zu unserem leiblichen Vater gehabt haben – nehmen wir meinetwegen einmal an, unser Vater war ein Zerrbild eines Vaters; unser Vater, der war ein Diktator, der mit der Geißel, mit dem Stock regiert hat, also ein Zerrbild –, ich darf Ihnen verraten: wenn dem so ist, dann ist es menschlich zumeist unmöglich, später ein anderes Bild vom Vatergott zu bekommen. Das ist so normal, daß wir alle das Bild unseres irdischen Vaters übertragen auf den himmlischen Vater! Merken Sie, daß ich damit eine große Sendung berühre?

J. Kentenich, aus:
Vortrag für die Männerliga, 2.10.1966

Das Vatererlebnis als Wurzel des Gottesglaubens

Die irrationale Wurzel unseres Gottesglaubens ist krank geworden. Diese irrationale Wurzel unseres Gottesglaubens ist *das naturhafte, bis ins unterbewußte Seelenleben vordringende Vatererlebnis*, das nach dem Gesetz der Gefühlsübertragung leicht übertragen werden kann und muß auf den Vatergott, in dem wir in dem Sturmgewitter der heutigen Zeit allein einen Ruhepunkt haben, eine Sicherheit, die alle Schwierigkeiten überwindet.

Ob Sie die ganze Tragweite der wuchtigen Sätze verstehen? Habe ich recht, wenn ich sage: Wir leben in einer vaterlosen Zeit? Habe ich recht, wenn ich beifüge: Weil wir in einer vaterlosen Zeit leben, deswegen auch in einer gottlosen Zeit? Möge die Gottesmutter uns helfen, daß wir die inneren Zusammenhänge solch ernst zu nehmender, gewichtiger und wuchtiger Wahrheiten tief in uns aufnehmen.

Nietzsche spricht den gewichtigen Satz aus: Es gibt heute in der modernen Zeit *keine Kinderländer* mehr, *weil es keine Vaterländer mehr gibt.* Wissen Sie, was das besagt? Darf ich im Sinne des Zusammenhangs, den wir eben hergestellt, den Gedanken weiterführen: Wir haben keine Gottesländer mehr, weil wir keine Vaterländer haben. Wir haben ja auch deswegen keine Kinderländer mehr.

Von *Pestalozzi* wird ein anderes Wort überliefert: Das *größte Unglück für die heutige Zeit ist der verlorene Kindessinn, weil er die Vatertätigkeit Gottes unmöglich macht.* Psychologisch betrachtet liegt die tiefste Wurzel für diesen verlorenen Kindessinn in der vaterlosen Zeit.

Das ist eine bedrückende Tatsache, daß wir *keine gesunden Väter* mehr haben, *die urwüchsig den naturhaften Kindessinn wecken können, der hinabdringt in das unterbewußte Seelenleben und den ganzen Menschen erfaßt.*

Ich will noch einmal ein Wort von Nietzsche zitieren und in unseren Zusammenhang hineinstellen. Wir kennen seinen Schrei: "Gott ist tot!" Ob Sie mir recht geben, wenn ich beifüge: *Gott ist tot, weil der Vater in der natürlichen Ordnung tot ist!?* Ohne tiefere Kindeserlebnisse naturhafter Art dem wirklichen Vater oder einem Ersatzvater gegenüber ist es normalerweise außergewöhnlich schwer, ein entsprechendes übernatürliches Vatererlebnis und Vaterbild zu bekommen.

Woher mag es also kommen, daß wir heute von dieser starken Unterdrückung der Sehnsucht nach Gott sprechen dürfen? Weil wir in einer vaterlosen und deswegen gottlosen Zeit leben. Wer das versteht, hat damit eine der tiefsten Antworten auf die religiösen Bedürfnisse der heutigen Zeit, zumal, wo es sich um unsere Jugend handelt...

Wir leben in einer gottesflüchtigen Zeit.
Kain, so heißt es in der Heiligen Schrift, ward flüchtig vor dem Antlitz Gottes. Wir haben heute durchweg dieses *Kainszeichen der Gottesflucht* an der Stirn. Viele Erzieher klagen, es sei so schwer, heute unsere Jugend religiös zu erfassen und zu führen. Viele fügen bei: Wir bringen es nicht einmal fertig, den ethischen Menschen in der Jugend zu wecken. Andere meinen, allem Anschein nach sei sogar das religiöse Organ in ungezählt vielen erkrankt. Wahrhaftig, eine gottesflüchtige Zeit!

Wenn Sie nach der Begründung fragen, muß ich auf die dreifache Wurzel des Gottesglaubens hinweisen: auf die irrationale, rationale und superrationale. *Die irrationale Wurzel* haben wir eben kennengelernt: *das tiefe, bis ins Unterbewußtsein vordringende naturhaft-natürliche Vatererlebnis.* Weil es fehlt, mangelt auch der Sinn für das religiöse Vaterbild und Vatererlebnis. Die *rationale Wurzel* des Gottesglaubens ist *das entsprechende Gottesbild.* Wenige Menschen haben heute ein klares oder vom Glauben bestimmtes Gottesbild. Freilich müssen wir beifügen: Das Gottesbild ist zu einem weitaus großen Teil abhängig vom Gotteserlebnis. Irrationale und rationale Wurzel greifen ineinander.

J. Kentenich, aus:
Vorträge der Pädagogischen Tagung 1951

Vom Hängen an Menschen
zum Hängen an Gott

Wir ahnen, daß wir letzten Endes patrozentrisch eingestellt sein müssen. Wir dürfen an keinem Menschen hän-
genbleiben.

Wenn wir an einem Menschen hängen, dann kann das nur
in unserer Beziehung zum lebendigen, ewigen Gott ein
Dreifaches besagen. Erstens: Das Hängen an einem
Menschen, er mag Gott weiß wie dastehen, ist zunächst
der sinn- und seinsgerechte Ausdruck für das Hängen am
Letzten, am Ewigen, am Vatergott. Zweitens: Das Hängen
an einem Menschen will und muß auch sein ein Mittel, um
tiefer, inniger, unlöslicher heimzufinden zum Vater.
Heimwärts zum Vater, zum Vatergott geht der Weg! Und
drittens: Diese Beziehung zu einem Menschen – ob es die
Gottesmutter ist oder wer es auch sein mag – ist die Sicherung der Knüpfung und der Hingabe an den Vatergott, ist
also die Sicherung der innersten Beziehungen zum
Vatergott. Verstehen Sie also, was das heißt? Um was
dreht es sich letzten Endes? Eigentlich um das große Ziel,
um das gegenwärtig die Kirche am neuesten Zeitenufer,
die nachkonziliare Kirche ringt. –

Wir mögen wohl meinen, was das Konzil uns alles gebracht, das ist schön! Wir dürfen jetzt deutsch die Messe
mitleben und mitagieren. Was haben wir viele Neuerun-
gen. Aber das alles ist letzten Endes peripher. Sehen Sie,
das letzte, was das Konzil will, ist, wir sollen jetzt dafür
sorgen, daß sich auch an der neuesten revolutionären Zeit
das Wort verwirklicht: "Ich bin gekommen, damit sie das
Leben haben, das Leben in Fülle haben!" (Joh 10,10) Der
große Kampf gegenwärtig geht nicht, wie das scheint, um

die Liturgie, um ein neues Gesetz, sondern letzten Endes um den Vatergott. Taucht nicht vielfach die Frage auf: Existiert überhaupt ein Gott? Existiert ein Vatergott? Ist das, was wir früher gehört haben von der jenseitigen, übernatürlichen Wirklichkeit, nicht doch letzten Endes etwas Gemachtes? Ist das nicht doch weiter nichts als ein Produkt der eigenen Sehnsucht? Darum geht es heute.

So stehen wir also mitten im heutigen Kampf. Und was wir nun wollen, ist stark angepaßt an die heutige Kirche. Ja, wir dürfen sagen – Sie haben sich das Wort bei verschiedenen Gelegenheiten wohl schon einmal sagen lassen –, die Familie hat in beispielhafter Weise vorweggenommen, antizipiert, was die heutige Kirche will und soll. Hören Sie noch einmal: Um was geht es also? Immer um das Letzte, um den ewigen, den unendlichen Gott.

Ich darf wiederholen, denn die Dinge sind ja von elementarer Wichtigkeit. Sehen Sie, wir dürfen uns nie an einen Menschen binden, um dabei stehenzubleiben. Das gilt auf der ganzen Linie, ob wir heiraten oder nicht, ob wir jungfräulich bleiben oder nicht, ob wir Freundschaft miteinander haben oder nicht, ob wir ein kindlich-mütterliches Verhältnis zu jemand haben oder nicht. Es geht letzten Endes darum, den ganzen Wurzelstock unserer Liebe, der ja so reichlich in uns angelegt ist, zu verbinden, mit Sicherheit zu verbinden, dauernd zu verbinden mit dem Ewigen, dem Unendlichen, mit dem Vatergott.

Sie werden sich vielleicht verwundert fragen: Wie ist denn das möglich? Haben wir denn nicht immer gesagt und sind wir nicht stolz darauf gewesen, daß die Gottesmutter mit uns und wir mit der Gottesmutter ein Liebesbündnis geschlossen? Ja, aber die Gottesmutter ist nicht Gott! Sie gehört also auch zu der Region der Geschöpfe. Wenn wir uns an sie binden, das ist ähnlich, als wenn wir uns sonst an eine Kreatur binden. Die Bindung an die Gottesmutter kann an sich nur Ausdruck der Bindung an den ewigen Vater sein, kann nur Sicherung und Mittel dieser Bindung sein. Das stellen wir auch fest, wenn wir in die Geschichte der Familie hineinschauen. Aus dem Liebesbündnis mit der Gottesmutter ist langsam geworden das Liebesbündnis mit dem Heiland, dem Dreifaltigen Gott und als Exponent des Dreifaltigen Gottes mit dem Vatergott.

So kommt es, daß wir – wenn wir das äußere Erscheinungsbild der Familie auf uns wirken lassen wollen – uns langsam viel stärker dokumentieren als eine patrozentrische Familie denn als eine marianische. Grund: Weil wir so stark marianisch sind, sind wir ausgeprägt patrozentrisch. Sicher, das mag theoretisch verständlich sein. Sie dürfen aber auch sicher sein, in dem Maße, als Sie sich der Gottesmutter ausliefern, sorgt sie dafür – sie kann gar nicht anders als dafür sorgen –, daß Sie den Weg nachgehen, den Weg mitgehen, den die Familie gegangen. Wie hat die Gottesmutter das fertiggebracht – sagen wir jetzt in unserer Sprache –, dafür zu sorgen, daß das Liebesbündnis mit ihr zum Liebesbündnis mit dem Vatergott geworden ist? Wie, das ist ihre Art, das ist ihr Geheimnis. Doch ein Geheimnis, das wir leicht entschleiern können. Normalerweise ist es Aufgabe der Mutter in der Familie, die Kinder zum Vater zu führen. Das ist auch die Sendung der Gottesmutter! Und wenn sie eine besondere Sendung hat für die heutige Zeit, wenn sie von ihren Heiligtümern aus eine neue menschliche Gesellschaft schaffen will, so wie sie vom lebendigen Gott gedacht ist für die neue und neueste Zeit, dann – das spüren Sie – kann sie gar nicht anders, kraft ihrer Sendung, als uns letzten Endes hineinzuführen in das Herz des Vatergottes.

J. Kentenich, aus: Vortrag für den Führungskreis der Schönstatt-Mädchenjugend, 19.8.1967

Der Weg zum Vatergott
bei der kleinen heiligen Theresia

Weil wir heute das Fest der kleinen heiligen Theresia feiern, darf ich Ihnen aus ihrem Leben zum Bewußtsein bringen, was das Gesetz der organischen Übertragung und Weiterleitung uns einprägen möchte: Wer ein gesundes katholisches Familienleben gelebt hat, ein Verhältnis zu Vater und Mutter und zu den Geschwistern gehabt hat, der wächst so ganz organisch, vielfach ohne Krisen in die übernatürlichen Wirklichkeiten hinein. Es ist eben das große Gesetz, das der liebe Gott in die menschliche Natur hineingebaut hat: Natur und Gnade sind gleichsam aufeinander angewiesen. Natur- und Gnadenordnung sind miteinander verknüpft, stehen in tiefer innerer Beziehung zueinander. Wo die Naturordnung angekränkelt ist, fällt es schwer, für die Gnade ein Einlaßtor zu öffnen.

Wir wollen in diesem Zusammenhang einmal die kleine heilige Theresia sprechen lassen. Wir lesen in dem Buche "Therese von Lisieux" folgendes: "Therese wird hineingeboren in eine Familienwelt, die für sie sofort und bleibend zum Symbol des Himmels wird. An der Familie, an ihren Gesetzen, Beziehungen, Ereignissen lernt sie wie in einer Bilderfibel die Wirklichkeiten des Christentums buchstabieren. Alles an diesem Buch ist konkret, unmittelbar sprechend und verständlich, in jener Sprache verfaßt, die der liebe Gott eigens für die kleinen Kinder erfunden hat" (Hans Urs von Balthasar: Therese von Lisieux – Geschichte einer Sendung, Köln 1950, S. 104).

Was ist das für eine Sprache? Die Sprache eines gesunden Familienlebens und deswegen eines gesunden Familienerlebnisses. Das ist nicht nur abstrakte Theorie, da werden vielmehr Vater-, Mutter- und Geschwistererlebnis konkret der Seele eingeprägt. "Keine Gefahr, daß das Kind zu lange am Buchstaben haften bleibt und den darin liegenden Geist und Sinn nicht durchschaut. Das Bild leuchtet, der Buchstabe bedeutet, und das Kind lernt mit dem Schauen und Hören von Bild und Wort unmittelbar auch den Sinn. Ein Symbolschauen, ein Ganzheitserfassen geht in der Entwicklung dem abstraktiven Denken noch voraus und verbürgt die rechte Ausrichtung des erwachenden Geistes. Die Welt ist ein Gesamtsakrament, das Erscheinungshafte an ihr ist wirksames Symbol des durch Phänomen und Materie hindurchwirkenden Gottesgeistes" (a.a.O. S. 104).

Das Gesetz der organischen Übertragung wird sichtbar. Das Familienerlebnis in der natürlichen Ordnung wird sofort übertragen auf die übernatürliche Welt. So wird das Gesetz der organischen Übertragung von selbst zum Gesetz der organischen Weiter- und Tieferleitung. "Mittelpunkt der Familie ist der *Vater*. Der menschlich so verehrte, geliebte, fast vergötterte Vater, der für Therese die sofort gegebene, nie aufgelöste Einheit von Autorität und Liebe ist. Im Verhältnis zum Vater, den sie nie auch nur einen Augenblick gefürchtet hat, lernt sie, daß Gehorsam und Liebe fraglos zusammengehören, im Grunde sogar eins sind. In der Autorität des Vaters lernt sie verstehen, was die Autorität des lieben Gottes ist" (ebenda).

Immer wieder begegnet uns hier das Gesetz der organischen Übertragung und Weiterleitung. "Sie blickt auf den Vater, der Vater blickt auf Gott, und so lernt sie durch ihn auf Gott blicken." Die einfachste Art: Das lebendige Beispiel des Vaters führt das an ihm hängende Kind unmittelbar zum lieben Gott. Da gibt es keine Gegensätzlichkeit, kein mechanisches, kein separatistisches Denken. Da gibt es keine Trennung zwischen irdischem und himmlischem Vater. Beides fließt im Empfinden und Denken der kleinen heiligen Theresia zusammen. Deswegen ist sie so gesund gewachsen. Deswegen ist sie für uns heutige Menschen so vorbildhaft.

"Therese ist noch ganz klein, da der Vater sie mit in die Kirche nimmt. Während der Predigt neigt er sich zu ihr: 'Paß gut auf, meine kleine Königin, es wird von deiner heiligen Namenspatronin gesprochen.' 'Ich paßte wohl auf, aber ich gestehe offen, daß ich mehr auf meinen Vater sah als auf den Prediger. Sein schönes Antlitz sagte mir so vieles. Manchmal füllten sich seine Augen mit Tränen, die er vergeblich zurückzudrängen versuchte. Lauschte er der Verkündigung der ewigen Wahrheiten, so schien er nicht mehr der Erde anzugehören, seine Seele war in eine bessere Welt versetzt ...' Und beim Abendgebet hat Therese wieder ihren Platz neben dem Vater: 'Ich brauchte ihn nur anzusehen, um zu wissen, wie Heilige beten.' Daß ihr Vater ein Heiliger ist, davon wird Therese ihr Leben lang überzeugt sein. Mit Wohlgefallen erzählt sie, wie man ihn auf der Pilgerreise nach Rom 'Monsieur Saint Martin' genannt habe, wie er noch zu Beginn seiner Krankheit 'wunderbare Fortschritte auf der Bahn der Heiligkeit machte', wie er sich über Schmähungen freute, wie er die Gewohnheit hatte, immer 'sofort zu vergeben' und 'nach dem Zeugnis Mamas und aller, die ihn kannten, nie ein Wort gegen die Liebe sprach'. Ist es nicht verständlich, daß ein solcher Vater für seine Tochter zum unmittelbaren Gleichnis Gottvaters wird? So nah und innig sind beide Väter verbunden, daß Therese beim Tod ihres Vaters zu schreiben wagt: 'Der liebe Gott hat den, den wir so zärtlich liebten, hinweggenommen. Geschah es nicht, damit wir in Wahrheit sprechen können: Vater unser, der du bist im Himmel!?' Und es rutscht ihr einmal, da sie von Gott spricht, das Wort auf die Lippen: Papa le bon Dieu. Dahinter steht 'das Bild des eigenen Vaters, der ihr, wie der Tautropfen die Sonne, die Vaterliebe dessen spiegelte, von dem alle Vaterschaft ihren Namen hat'. 'Wenn ich an Dich denke, mein Väterchen, dann denke ich ganz von selbst an den lieben Gott, denn es scheint mir unmöglich, auf Erden jemand Heiligeren zu sehen als Dich.'"(ebenda).

Da haben Sie in konkreter Form die großen Gesetzmäßigkeiten vergegenwärtigt: Zweieinheit zwischen dem irdischen und himmlischen Vater. Organisches Denken, nicht mechanisches Auseinandergerissenwerden! Das sind Formulierungen, die wir wohl heute nicht mehr verstehen, zumal nicht männliches, klötzchenhaftes Pyramiden-Denken, während frauliches, ganzheitliches, organisches Kreisdenken eher einen Sinn hat für derartige innere Zusammenhänge.

All die großen Gesetzmäßigkeiten, die wir von Schönstatt aus lehren und die heute so wenig verstanden werden, sehen Sie in klassischer Weise hier vergegenwärtigt. Wenn wir nicht wieder gesund, organisch denken lernen, das mechanistische, separatistische Denken überwinden, schaden wir uns, der menschlichen Gesellschaft und unserer Gefolgschaft in ungeheuer tiefer Weise. Verstehen Sie, wie bei der kleinen heiligen Theresia die Erlebnisse in der natürlichen Ordnung jene in der übernatürlichen Ordnung in ungemein starker Weise beeindruckt und bestimmt haben, von Anfang bis zu Ende? Ob ich annehmen darf, daß Sie die hier obwaltenden Gesetzmäßigkeiten verstehen?

J. Kentenich, aus:
Vorträge für die Diözesan- und Abteilungsträgerinnen
der Schönstattjugend, 19.8.1967

Symbol für den lächelnden Vatergott

Ich komme noch einmal auf *die kleine heilige Theresia* zurück. Wir wissen das ja, wie auf einmal die Gottesmutter ihr erschien, lächend! Und sie weiß das so wunderbar zu schildern, wie himmlich schön die Gottesmutter war, unaussprechlich, unnachahmlich! Das muß offenbar, was wir so nennen, *das Grunderlebnis ihrer Seele geworden sein: die lächelnde Gottesmutter als Symbol für den lächelnden ewigen Vatergott.* Lächelnd, wohlwollend lächelnd! Alles, was kommt, alles, was von Gott gefügt wird, was von seiner Hand uns berührt, alles – Sie verstehen, was ich jetzt sagen darf – ist Ausdruck einer einzigartigen persönlichen Liebe.

Es wäre halt schön, wenn wir auch ein solches Grunderlebnis hätten! Erinnern Sie sich bitte in dem Zusammenhange an das Grunderlebnis Ihrer *eigenen* Seele! Sie spüren ja, was wir wollen: so Stück für Stück, langsam hinabsteigen in den Keller unserer Seele; hinabsteigen die Leiter, Stufe um Stufe, wenn es geht, in das unterbewußte Seelenleben. Und was werden wir dorten entdecken? Wenn der liebe Gott uns das schenkte – und mich dünkt, das ist ein Charisma, das die Gottesmutter uns hier von ihren Heiligtümern zu vermitteln trachtet. Was für ein *Charisma?* Ach, das ist ja das Vaterbild, das neue Vaterbild, das ist *die unendlich barmherzige Vaterliebe,* dieser unendlich liebende Vatergott. Wir denken jetzt an das Bild der lieben Gottesmutter im Leben der kleinen Theresia. Was ist das? Der lächelnde, uns lächelnd entgegenkommende Vatergott; das ist *die* Vatergestalt, die positiv uns anschauende Vatergestalt, eine Vatergestalt, die gar nicht anders kann, als uns namenlos liebzuhaben. Und wie das bei der kleinen Theresia war – ich habe das in den letzten Vorträgen da und dort ja so häufig hervorgehoben –, wie sie also das lächelnde Antlitz der Gottesmutter symbolhaft ausdeutend als lächelndes Antlitz des Vaters, der ganzen jenseitigen Wirklichkeit, wohl immer bejaht, aber dann auch und besonders dann, wenn dieser lächelnde Vatergott ihr eine Unsumme von Kreuz und Leid, ja ein Maß von Leid zugedacht hat, das – menschlich gesprochen – wahrhaftig nicht Ausdruck einer ausnehmenden Liebe gewesen ist. – Das ist so wesentlich, daß unser Gottesbild das Bild der göttlichen Liebe, aber nicht das Bild der gerechten göttlichen Liebe, sondern das Bild der unendlich barmherzigen Liebe ist.

J. Kentenich, aus:
Vortrag für Schönstätter Marienschwestern, 15.6.1966

Orientierung am Vatersein Gottes

Vaterwürde mißt sich ständig an der Würde des ewigen Vatergottes. Wunderbar groß und herrlich steht vor dem echten, christlichen Vater das Wort des Herrn: "Ihr sollt vollkommen sein, wie euer Vater im Himmel vollkommen ist!" (Mt 5,48). Wenn das Wort an irgendeine Adresse besonders gerichtet ist, dann an die Adresse des Vaters, der mit dem ewigen Vatergott das Erzeugen kennt und teilt.

"Vollkommen sollt ihr sein, wie euer Vater im Himmel vollkommen ist!" Der Vater ist daher auf der ganzen Linie (seiner Berufung und Möglichkeit nach) das wunderbare, ja wunderbarste Transparent des ewigen Vatergottes, und zwar unmittelbar, "unmittelbar" insofern, als paternitas (Vaterschaft) in all ihren Dimensionen auf den Vatergott verweist, selbst dann, wenn es zu Verzeichnungen beim Abbild kommt, die nach dem psychologischen Gesetz der Übertragung ebenfalls auf Gott angewandt werden. So liegt es denn nahe, die urgewaltigen Eigenschaften des ewigen Vaters zu überprüfen, um dann ihre Anwendbarkeit auf das irdische Vaterbild zu überlegen.

Da steht er (Gott Vater) vor uns in seiner absoluten Unveränderlichkeit. Sie lesen, was die Apokalypse davon zu sagen weiß: "Da stand ein Thron im Himmel, und auf dem Thron saß jemand" (Offb 4,3). Der Vatergott ist der einzige, der nicht in Bewegung ist. Der ganze Himmel ist ständig in Bewegung. Er, der auf dem Throne sitzt, verweilt dort in unveränderlicher Ruhe. Die Jesuiten wenden auf ihren General das Merkwort an: Primus motor non movetur, das heißt: der Erstbeweger soll nicht bewegt werden. – Unveränderlichkeit Gottes! So muß auch beim Träger der väterlichen Autorität in der Familie und überall, wo eine abgeleitete väterliche Autorität gesucht und empfunden wird, eine Art Unveränderlichkeit in ihren Prinzipien, eine Art Unveränderlichkeit auch in den Willensentschlüssen zutage treten. Wie wenig Väter kennen heute diese metaphysische Orientierung! Wie wankelmütig sind sie! Spielball der Zeitströmungen! Spielball der Wünsche und Leidenschaften des eigenen Herzens! Wo ist hier die Abbildlichkeit und Ebenbildlichkeit zum ewigen Vatergott?

Gott ist als der ewige, unveränderliche Vater auch *allgegenwärtig*. So muß auch der irdische Vater "allgegenwärtig" sein für seine Kinder, entweder physisch oder doch wenigstens geistig. Er trägt sie ständig geistig in seinem Kopf, in seinem Interessenkreis oder doch wenigstens in seinem Herzen. Andere Interessen treten zurück. Er hat eben seine Kinder, für die er sich opfert, seine Kinder, denen er ständig gegenwärtig ist und die ihm ständig gegenwärtig sind.

Der Vatergott ist *allwissend*. So muß auch der irdische Vater alles wissen, was in irgendeiner Weise seine Kinder angeht. Aber das ist kein erdrückendes Wissen, sondern ein gütiges und ein überaus stark emporbildendes Wissen. Emporbildend wird das Wissen dadurch, daß der Vater immer an das Gute in seinem Kinde glaubt, auch dann, wenn er tausendmal enttäuscht worden ist. Er glaubt an das Gute. Er glaubt auch an die originelle Sendung seines Kindes.

Allweise ist der Vatergott. In ähnlicher Weise soll sein Abbild allweise sein. Weise mißt er ab, was das Kind tragen kann, weise (wägt er) die Lasten, die er auferlegt, weise die Forderungen (die er stellt), weise aber auch die Geschenke, die er verabreicht

Heilig, unendlich heilig ist der Vatergott. – Heilig sollt ihr Väter sein, wie euer Vater im Himmel heilig ist! Und wer ist heilig? Wer ständig kreist um den ewigen Vatergott und um seinen Wunsch und Willen.

Unendlich barmherzig und gerecht ist der Vatergott. Das ist auch das Ideal des irdischen Vaters: unerbittliche Gerechtigkeit, Ehrlichkeit, Geradheit! Er geht keine krummen Wege im Rahmen und Raum seiner Familie. Er läßt sich nicht beugen, sondern ist die personifizierte Gerechtigkeit, der personifizierte Wahrheitssinn. Der ewige Vatergott ist aber auch gleichzeitig unendlich barmherzig und weiß zu verzeihen, wenn der Sohn, der verloren war, zurückkehrt, selbst wenn er draußen das Schweinefutter genossen hat (Lk 15,11 ff), und selbst dann, wenn der Sohn draußen die Lanze gegen das eigene Vaterherz erhoben ... Er weiß barmherzig, gütig und verzeihend den verlorenen Sohn immer wieder aufzunehmen und in seine Kindesrechte wieder einzusetzen.

Das ist das wunderbare Ideal des Vaters! Das ist Vaterwürde, die in der Zeugungsfähigkeit und -tätigkeit wurzelt als irdisches Abbild des ewigen, unendlichen Erzeugers im Schoße des Dreifaltigen. Wir, die wir Erzieher sein dürfen, sollten die Irrtümer und Fehler der leiblichen Väter korrigieren, selber die Idealgestalt darstellen: den Abglanz des ewigen Vaters. So läßt sich vieles ausgleichen.
Es mag auch sein, daß der liebe Gott nach dem Gesetz des Gegensatzes auf die Dauer einem Kind das schenkt, was der leibliche Vater verwirkt hat. Ich sage: nach dem Gesetz des Gegensatzes. Aber auch das geht meistens nicht ohne starken inneren Kampf ab. Das Kind kostet und verkostet: So ist der leibliche Vater! – und vergleicht damit das, was in der Heiligen Schrift vom Vatergott steht. Durch diese Gegensätzlichkeit entsteht im Kopf des

Kindes ein anderes Vaterbild. Aber weil der Mensch aus Leib und Seele besteht, bleibt meistens ein gewisser Krampf in der Seele zurück

Die große Enttäuschung an Menschen, sowohl am Vater als auch an der Mutter, kann in einzelnen Fällen die Seele tiefer und tiefer hineinführen – vorbei an Menschen – in das Vaterherz Gottes, so daß doch letztlich ein tiefes Gottesbild lebendig wird. Aber das ist selten. Es gibt nichts Größeres und Schöneres für einen echten Vater, als wenn er sich sagen kann: Mein Bild ist für mein Kind das ideale Gottesbild geworden. Ich habe mich bemühen dürfen, durch mein Handeln und Wandeln meinem Kind das Vaterbild, das Gottesbild einzuprägen, und mein Kind hat auf diese Weise einen echten, gesunden Gottesbegriff bekommen. Etwas Schöneres kann ich meinem Kind ins Leben nicht mitgeben.

J. Kentenich, aus:
Vorträge der Pädagogischen Tagung 1950

Leben mit dem Vatergott

Vater, Du hast uns einen Namen geschenkt,
noch bevor die Erde entstand.
Vater, Du hast uns Deine Liebe immer geschenkt,
weil Deine Kinder wir sind,
weil Deine Kinder wir sind.

Noch bevor der erste Vogel sang,
noch bevor die erste Stimme klang,
noch bevor die erste Blume war,
war Dein Bild von uns schon lange klar,
hast Du unsren Namen schon gekannt.

Unsre Sehnsucht hast Du schon gekannt,
unser Wesen hast Du schon benannt,
unsres Lebens Sinn hast Du gesehn,
Deinen Geist ließ'st über uns Du weh'n,
noch bevor Du Abraham beriefst.

Jeden Tag sind Deine Zeichen da.
Jeden Tag bist Du uns spürbar nah.
Jeden Tag schenkst Du Gelegenheit,
machst für Deinen Auftrag uns bereit,
hilfst uns unsren Namen klar zu seh'n.

Lied der Schönstatt-Jugend 1974 (J. Ganz)

Die ausgestreckte Vaterhand
Grundstein vom Heiligtum der Berufung, Freiburg

Dem Vater kindlich vertrauen

Werde, was das Kind ist! Auch ich muß mir ein unerschütterliches Vertrauen aneignen auf den Vatergott, im einzelnen: auf die Allmacht des Vaters, auf die Güte des Vaters, auf die Treue des Vaters. Das sind die drei Eigenschaften, auf die das Kind im natürlichen und übernatürlichen Vertrauen so fest baut. Will ich mich deswegen im kindlichen Vertrauen stärken, dann muß ich ständig leben in diesen drei Eigenschaften Gottes. Dann muß ich mir wieder und wieder zum Bewußtsein bringen: der Himmelsvater ist allmächtig, der Himmelsvater ist allgütig, der Himmelsvater ist treu.

Vielleicht liegt es Ihnen, einmal das kindliche Vertrauen der Gottesmutter unter diesen drei Gesichtspunkten nachzuprüfen. Da brauchen Sie bloß beim Magnifikat stehenzubleiben. Hören Sie einmal, auf welchen Eigenschaften Gottes das Vertrauen im Magnifikat aufbaut.

Auf die Allmacht Gottes. Im biblischen, zumal im alttestamentlichen Sinne ist die Allmacht Gottes vielfach symbolhaft dargestellt durch die Finger Gottes. Gott berührt die Berge mit seinen Fingern, und sie fangen an zu rauchen (vgl. Ps. 104,32; 144,5). Achten Sie darauf: die Gottesmutter ist mit dem Finger Gottes nicht zufrieden, sie spricht vom Arme Gottes (Lk 1, 51)! Daraus mögen Sie schließen, wie tief wir vertrauen können. Das echte Kind baut auf das Allerletzte, auf die Allmacht: Adjutorium nostrum in nomine Domini, qui fecit coelum et terram (unsere Hilfe ist im Namen des Herrn, der Himmel und Erde gemacht hat, (Ps 124,8).

Wir in den Nachbarländern (in Deutschland während der NS-Zeit) dürfen uns glücklich schätzen, daß alle eigengesetzlichen Ursachen unseres Vertrauens mehr und mehr zusammenbrechen. Recht, Wahrheit, Tradition, alles bricht zusammen. Drüben (in Deutschland) kann man überhaupt nicht mehr existieren, nicht mehr innerlich froh und zufrieden leben, wenn man nicht zurückfliegt zum letzten Halt unseres Vertrauens: zu Gott. "Auf Dich (o Herr) habe ich vertraut, ich werde nicht zuschanden werden!" (Ps 31,2; 71,1). Wieviel Zeit brauchen wir, bis wir in dieser einfältigen Weise das kindliche Vertrauen in uns geweckt haben!

Das Sanskrit kennt ein Wort, das gilt für Vater und Mutter zugleich. Das Wort heißt pitaru. Danach ist Gott pitaru, er ist Vater und Mutter. Alles, was das Kind irgendwie an Großem und Vertrauenswürdigem sieht und sucht, findet es im Vatergott.

Weiter stellt (es) die Gottesmutter im Magnifikat ab auf die Güte Gottes und auf seine Treue. Sie mögen es selbst durchstudieren, und dann wollen wir uns wieder erneuern in dem rückhaltlosen Vertrauen auf Gottes Vatergüte.

Jetzt mögen Sie sich all die ernsten und zum Teil auch bildhaften Ausdrücke wieder vergegenwärtigen, die wir in diesen Tagen gebraucht haben. Denken Sie an das Sprüchlein: Und heult der Sturm und tobt der Wind und kracht der Blitze Feuer, ich denke wie des Schiffers Kind: der Vater sitzt am Steuer!

Ein anderes Merkwort: Unsere größte Sorge sollte sein, jede Sekunde endlos sorglos zu sein!

J. Kentenich, aus:
Exerzitien für die Patres der Missionsgesellschaft
Bethlehem in Immensee (Schweiz), 1937

Den Erbarmungen Gottes nachgehen

Wir müssen mit einer gewissen Einseitigkeit den *Erbarmungswegen Gottes nachpilgern* – der liebe Gott hat mich als Kind gern, weil er Vater ist – das ist eine einzig große Aufgabe. Deswegen immer wieder nachprüfen: Wo hat Gott sich mir – in seiner Vorsehung – als gütiger Vater erwiesen?

Wissen Sie aber auch, worin das Meisterstück besteht? Daß wir glauben lernen, daß Kreuz und Leid immer Ausdruck der Vaterliebe sind. Ich muß also immer denken, wenn mir der Himmelsvater irgendwie weh tut: ein Arzt operiert. Was wird dann die Wirkung sein? Es klingt dann immer durch: Weil der *Vater* es tut, ist es immer zu meinem Besten: Vater, was hast du mich lieb!

Was müssen wir also primär tun? Soll die Liebe in mir wachsen, muß ich mich geliebt glauben und fühlen. Was werde ich also tun müssen? Den Erbarmungen Gottes in meinem Leben nachgehen, vor allem aber die Leidenswege als Erbarmungswege nachgehen.

Sehr viele von uns mögen den lieben Gott recht innig lieben und glauben, daß er sie gern hat, wenn er ihnen Wohltaten spendet, aber wenn er wehe tut, dauert es ungemein lange, bis man das versteht: "Der Vater reinigt die Rebe" (Joh 15, 2). Bildhauer Gott, schlag zu! Das müssen wir uns immer wieder einprägen. Worin soll unsere allergrößte Sorge bestehen? Jeden Augenblick endlos sorglos zu sein. Weshalb darf man das so schroff ausdrücken? Weil die Natur halt so stark geneigt ist, sich Sorgen zu machen.

Hier müssen Sie alle diese Dinge wieder neu in sich auffrischen. Jetzt noch einmal nachprüfen: Wo hat der liebe

Gott mir seine Liebe erwiesen? Das sind Gedanken, die müssen Sie immer wieder lebendig werden lassen. Wie oft muß ich das tun? Wird man das die ganze Ewigkeit tun müssen? Wir dürfen nicht locker lassen, bis wir die vollste Überzeugung haben: Ich bin ein Augapfel Gottes, ein Lieblingskind Gottes. (...)

Sie müssen überhaupt sehen, daß Sie eine große Liebe in Ihr Leben hineinbekommen. Alles muß ausmünden in grenzenloser Liebe. Wenn ich zum Beispiel denke, wie gut die Gottesmutter ist, wie sie hier mit uns arbeitet, muß das nicht auch ein Mittel sein, hineinzuwachsen in die Liebe zum Vater? Wenn wir uns an die Gottesmutter binden, will sie (...) die Liebe weiterleiten an Gott. Wie ist das zu Hause? Es ist an sich normal, daß das Kind die erste Liebe gewöhnlich der Mutter schenkt. Ist es aber etwas Normales, daß die Mutter ihre größte Aufgabe darin erblickt, die Liebe an den Vater zu binden? Eine normale Mutter bemüht sich, die Liebe im Kinde aufzufangen und sofort zum Vater weiterzuleiten. Genauso ist die Aufgabe der Gottesmutter Gott gegenüber. Die Liebe, die wir ihr schenken, lenkt sie hin zum Vater.

(...) Vor allem immer wieder den Erbarmungen Gottes nachgehen: Dilexit me! (Gal 2,20) Das ist die große Aufgabe, die wir zu lösen haben.

J. Kentenich, aus:
Vortrag für Schönstätter Marienschwestern, 16.3.1938

Mit dem Vatergott leben lernen

Wir Schönstätter bevorzugen eine eigenartige *Betrachtungsmethode*. Worin sie besteht? Als Gegenstand der Betrachtung, also einer längeren Überlegung, nehmen wir das eigene Leben. Aus Erfahrung wissen wir: Ungezählt viele Ereignisse unseres Lebens haben wir zu verzeichnen; sie jagen aber in D-Zug-Geschwindigkeit an uns vorbei. Wir müssen alle diese Ereignisse, die größten und die kleinsten, auffassen wie einen Dom – das ist ein Bild –, auf der Spitze des Domes ist der lebendige Gott, der Vatergott. Was sollen wir nun durch die Betrachtung erreichen? Die Leiter anlegen. Leiter anlegen für den Verstand, Leiter anlegen für das Herz! Was will das heißen? Es ist uns meinetwegen eine große Enttäuschung, eine große Überraschung zuteil geworden. Was tue ich? Weil es uns spontan meist nicht glückt, den lieben Gott hinter diesen Ereignissen zu sehen, seine Vaterhand zu spüren, seine Vaterhand zu küssen, müssen wir das nachholen, also überlegen: Das und das ist geschehen; was wollte der liebe Gott mir dadurch sagen? Leiter anlegen für den vom Glauben erleuchteten Verstand, aber auch für das Herz. Das Herz steigt nun empor, umgreift den lieben Gott, küßt gleichsam seine Hand ... Es wäre ja schade, wenn wir diese überreiche Frucht unserer bisherigen Erlebnisse und Opfer nicht ernten würden! Leben aus dem Glauben, dem lieben Gott den Triumph geben, den Triumph über unseren Verstand, über das nüchterne, sachliche, glaubenslose oder doch glaubensfremde Denken – das müßte eine der wertvollsten Früchte sein. Wenn der Papst ein Glaubensjahr ausgerufen hat, dann wissen wir, was wir in diesem Glaubensjahr zu tun haben!

Das will allerdings gelernt werden. Zurückschauen! Wir haben dafür gerne den Ausdruck gebraucht: Nachprüfen und nachkosten, was der liebe Gott mir gestern hat sagen wollen. Dann vorprüfen und vorkosten, was mich heute in etwa erwartet. Da wird mein Leben zum Gegenstand der Betrachtung. Ich habe keine Ruhe, bis es hineingewachsen ist in die Pläne Gottes, bis ich hinter allen Dingen die Liebe des ewigen Vaters sehe. Wenn seit 1915 also ein Leitgedanke in der ganzen Familie gilt: "Mater perfectam habebit curam et victoriam" (die Mutter wird vollkommen sorgen und siegen), dann müßten wir einmal nachprüfen, wie häufig wir das in unserem Leben schon erfahren haben.

Das *zweite* Mittel halte ich auch für überaus bedeutungsvoll. Denken wir einmal an unsere Schönstattjugend. Sie ringt natürlich, wie wir das früher ja wohl auch getan, um einen ethischen Heroismus. Doch je mehr Vorsätze, desto mehr Zusammenbrüche; je mehr Emporschreiten, ja Emporschnellen, desto stärker das Zurückgeworfensein. "Dann liegen die Blätter von Glase zerbrochen in dem Grase." Vorsatz auf Vorsatz können wir wohl fassen, doch die Ausführung mißglückt. Das vor allem, wenn wir etwa unter einer Leidenschaft leiden, sie überwinden möchten, es glückt aber nicht. Oder: Wir finden den Weg nicht in die jenseitige Welt. Ich kann mir gar kein besseres Mittel vorstellen, den Weg in die andere Welt zu finden, als die Art und Weise, wie wir *auf diese Zusammenbrüche antworten* sollen.

Ich habe ja eingangs gesagt, Victoria Patris-Familie sein heißt nicht nur dem Vater Gelegenheit geben, daß er über uns triumphiert, sondern auch dafür sorgen, daß wir über ihn triumphieren. Hier haben Sie den Punkt! Wann triumphieren wir am meisten, am stärksten über den Vatergott? Wenn wir still bescheiden unsere Armseligkeiten anerkennen. Nicht immer von neuem die Zähne aufeinanderbeißen, sondern demütig, schlicht und bescheiden sagen: Ja, ich bin ein armseliges Geschöpf. Sie lesen in der "Werktagsheiligkeit" das schöne Wort: Erkanntes und anerkanntes Kleinsein – hören Sie gut, was das bedeutet: die Allmacht des Kindes und die Ohnmacht des Vaters! Meine anerkannte Schwäche ist der Triumph, mein Triumph über den Vatergott. Der Vatergott kann dann gar nicht anders als sich liebend zu mir hinabneigen und mich in sein Herz ziehen.

Vielleicht fassen wir das alles als Phrase auf. Wir sind alle ein Stück modernes Menschentum. Wenn Sie in die heutige Welt, in die heutige Menschheit hineinschauen, hören wir so mancherlei singen und klingen vom modernen Existentialismus. Der moderne Mensch, er mag heißen wie auch immer, ein Kleid tragen wie auch immer, mag arm sein oder reich, die ganze Menschheit leidet mehr als früher an ihrer Brüchigkeit. Der Existentialist, der keinen lebendigen Gott anerkennt, läßt sich hineinwerfen in den Strudel des Lebens, beißt die Zähne aufeinander. Er sieht wie der moderne jugendliche Ethizist seine Größe darin, sich hin- und herwerfen zu lassen. Das ist der große Mut seines Lebens. Und wenn er zerschellt oder in den Abgrund stürzt, ist das seine Größe.

Und meine Größe, unsere Größe? Wir wollen nicht hineingeworfen werden, wir sind bereits hineingeworfen in alle Übelkeiten, in alle Schwierigkeiten des Lebens. Was wir aber daraufhin zu tun haben? Als schlichte, einfältige Kinder hineinfliehen in das Herz des Himmelsvaters! Dieses schlichte Kennen und Bekennen schafft uns auf die Dauer die innere Ruhe, das drängt uns hinein in die andere Welt. Ich wiederhole: es gibt kaum ein Mittel, das uns so tief im Göttlichen heimisch macht als die Art und Weise, wie wir zu antworten haben auf die Schwächen unserer Natur.

J. Kentenich, aus: Vortrag anläßlich seines Besuches in Oberkirch, 3.9.1967

Überall die Vaterhand Gottes spüren

Wann leben wir aus dem Vorsehungsglauben?

Die erste Antwort lautet: Wenn wir in allen konkreten Situationen unseres Lebens einen Anruf des Vatergottes hören. Oder besser noch gesagt: Aus allen Lagen des Lebens, des einzelnen Lebens, auch des Weltgeschehens sollen wir einen *Liebes*ruf Gottes heraushören. Und welche Antwort sollen wir geben? Eine *Liebes*antwort. Deswegen: Liebes*ruf* weckt eine Liebes*antwort*. Das ist alles so einfach, wenn man das im Zusammenhange sieht. Im praktischen Leben kann das nur ungemein schwer werden.

Eine zweite Antwort geht nach derselben Richtung. Die antwortet oder arbeitet jetzt mit der *Hand* Gottes. Erst mit dem *Ruf* Gottes, dann zweitens mit der *Hand* Gottes. Überall die Hand Gottes spüren!

Der liebe Gott berührt uns für gewöhnlich nicht unmittelbar – ich sage, *für gewöhnlich*. Er tut das auch häufig direkt, daß er uns mit seiner Hand berührt. Sehen Sie, dann müssen Sie sich die Seele einmal vorstellen wie ein Saiteninstrument. Wer berührt dann das Saiteninstrument? Wodurch? Das tut der liebe Gott selbst durch seine Anregungen. Im allgemeinen verstehen wir mit den Anregungen Gottes, den unmittelbaren, gar nichts anzufangen ... Für gewöhnlich berührt uns Gottes Hand durch Menschenhand, also nicht unmittelbar, sondern mittelbar. Und das ist von großer Bedeutung, daß wir das als eine Lebensauffassung, Grundeinstellung mit nach Hause nehmen.

Nicht wahr, da berühren wir natürlich einen Gedankengang, den wir schon öfter miteinander besprochen haben.

Denken Sie an das andere Bild, das uns bereits geläufig ist, daß der liebe Gott Handschuhe anzieht. Das können harte, eiserne Handschuhe sein; das können weiche Handschuhe sein. Ja, wie sieht denn der Handschuh aus, oder woher kommt denn der Handschuh? Das ist die Menschenhand, die uns berührt. Das kann ein eiserner Handschuh sein: das sind Menschen, die uns Böses wollen, die uns etwa verleumden, die uns etwa wirtschaftlich übervorteilen wollen. Sie müssen das einmal konkret sagen und sehen: Es ist ein Mensch, den ich kenne, der mir so übel will. Jetzt die Vorstellung – ja, welche Vorstellung habe ich jetzt? Das, was mich berührt, ist nur ein eiserner Handschuh; aber im Handschuh, da ist die weiche Hand des Vaters. Sehen Sie, die Menschenhand kann mir Übles zufügen, die Vaterhand will mir aber etwas Gutes dadurch schenken (...)

Hier darf ich wieder auf etwas aufmerksam machen, worauf wir für gewöhnlich nicht so achten. Sehen Sie, ist es nicht so: Wenn Menschen uns gut sind, das halten wir eigentlich für selbstverständlich, das führen wir nicht so schnell auf den lieben Gott zurück. Im Lichte Gottes gesehen, im Lichte des Glaubens: Es ist immer der liebe Gott, der uns irgendwie berührt! Es ist also nicht zufällig, daß mir da und dort jemand liebenswürdig, gütig entgegentritt, mir hilft, einen Rat gibt und so fort. Oder daß es im Geschäft gut geht, daß ich ein gutgehendes Geschäft habe. Sehen Sie, dann müssen wir auch lernen, alle diese Dinge auf den lieben Gott zurückzuführen und ihm dafür herzlich zu danken.

J. Kentenich, aus:
Vortrag für Ehepaare in Milwaukee, USA, 5.6.1962

Den "Lift" der Kindlichkeit nutzen

Vielleicht können Sie von hier ausgehend auch noch andere Bilder der kleinen heiligen Theresia auf sich wirken lassen. Sie ist eigentlich eine Art Kirchenlehrer, wenn man auch den Titel als solchen Frauen bisher nicht gegeben hat. Eigentlich ist es ihre Lehre, die ich da doziere. Aber Sie merken aus all dem, was ich vortrage, daß das nicht von der heiligen Theresia ist, das ist selbst beobachtet, bei uns geworden, es ist aus dem Leben herausgelesen. Freilich, wenn ich später das eine oder andere von ihr gehört habe, ging das natürlich immer in dieselbe Kerbe ...

Denken wir nun an die Bilder, die schlichten Bilder, die die kleine heilige Theresia gerne für das eigene Denken, Leben und Erleben gebraucht hat. So vergleicht sie das Hinschreiten zum Vater, das Hineinwachsen in ihn, das Verschmolzensein mit ihm, die Herzenseinheit mit ihm, ja den Weg dorthin mit einem Lift. Was will sie hier besonders betonen? Was der Vater alles zu tun hat. Ich kann ja bei dem Akt verschiedene Gesichtspunkte hervorheben. Daß sie selber auch das ihrige tut, setzt sie voraus. Und ihr Leben beweist, daß sie es sich nicht leicht gemacht hat; es beweist, wieviel Forderungen sie an sich gestellt hat, es beweist, wieviel Dunkelheit, ja erschreckende Dunkelheit sie durchgekostet hat. Das ist alles wahr, aber das alles bedeutet nicht viel. Wie sieht sie sich? Sie steht vor einem Lift. Oben steht der Vatergott, die Arme ausgebreitet. Das kleine Würmchen da unten krabbelt nicht hinauf zu ihm und sagt auch nicht: Wenn ich die Treppe hochlaufe, komme ich gerade so schnell nach oben, als wenn ich mich in den Lift setzte. Es bleibt schön stehen: ausgebreitete Arme hier und ausgebreitete Arme dort, Arme des Kindes und Arme des Vaters, gleichsam als riefe ein Abgrund dem anderen zu. Das Kind wartet. Die andern mögen laufen und springen, wie sie wollen, es wartet, bis der Vater sich hinabneigt, bis er das Kind auf seine Arme nimmt und es an sein Herz drückt. – Es ist so schwer, das unmißverständlich auszudrücken. Ich muß hier nur wiederholen, daß das nicht so ist, als hätte sie ihr Leben lang nur unten gestanden und gewartet, bis einer käme und sie mitnähme. Nein, sie hat alles getan, aber gewertet hat sie nur das Umgriffenwerden vom Vater. Barmherzige Arme umgreifen das hilflose, arme Kind.

"Ich rühme mich meiner Schwächen ..." (vgl. 2 Kor 12,9). Sehen Sie, in dem Zusammenhang kann ich mich rühmen. Paulus rühmt sich des Kreuzes Christi, er rühmt sich auch, im soundsovielten Himmel gewesen zu sein, aber hier rühmt er sich seiner Schwächen. Weshalb? Die Schwächen sind Titel auf die barmherzige Liebe des unendlichen Gottes.

J. Kentenich, aus:
Vortrag für Führungskreise der Schönstattfamilie,
27.11.1965

Das Leben als Spiel der Liebe verstehen lernen

Wenn wir so zurückschauen, die Heilige Schrift aufschlagen, dann lesen wir im Buch der Weisheit ein Wort, das lautet so: Die ewige Weisheit spielt vor dem Antlitz Gottes von Ewigkeit ihr Spiel (vgl. Spr 8,30f). Im Laufe der Zeit hat man unter der ewigen Weisheit auch die Gottesmutter verstanden. Sie hat vor dem Antlitz des Vatergottes von Ewigkeit her gespielt, das heißt ihr Leben in entsprechender Weise vollzogen. Und später ist man dazu übergegangen, das Wort auch auf jedes Menschenleben anzuwenden. Jeder Mensch hat deswegen von Ewigkeit in den Gedanken Gottes ein Spiel gespielt. Sein Leben, jedes Menschenleben, vor allem – dürfen wir beifügen – Christenleben (ist) vor dem lebendigen Gott ein Spiel! Natürlich wird beim Spiel ein doppelter Partner gebraucht, Spieler und Gegenspieler. Wer ist nun *der* Spieler, der Hauptspieler in unserm Leben, im Leben der Gottesmutter, in jeglichem Leben? Das ist der ewige Gott. Und wer ist der Mitspieler, im gewissen Sinne der Nebenspieler? Das sind wir. Und so hat man dann im Laufe der Jahrhunderte mehr und mehr das Leben beobachtet und hat dann wohl auch gemeint: Ja, das *ist* so, das menschliche Leben, zumal das Christenleben, ist ein Spiel.

Und von hier aus mag es nun der Mühe wert sein, einmal Linien zu ziehen quer durch die Literatur, zumal die religiöse Literatur von Jahrhunderten, von Jahrtausenden. Ja wie wird denn dieses Spiel vielfach dargestellt? Als Kegelspiel. Als Ballspiel. Was heißt das, als Kegelspiel? Was heißt das, als Ballspiel? Es wird dargestellt als Schachspiel. Es wird dargestellt – ja, soweit überhaupt Spielarten in Frage kommen, werden alle diese Spielarten auf das Leben des Menschen angewandt.

Kegelspiel. Ein Ausdruck, den ein alter griechischer Philosoph schon gebraucht hat. Er hat das Leben beobachtet ohne übernatürliche Einstellung und dann gefunden: Derjenige, der die Weltgeschichte in der Hand hält, die Welt regiert, ja offenbar muß das ein geistreiches Wesen sein, ein Logos. Aber nicht selten, so hat ihm die Beobachtung dann nachher gezeigt und gesagt, scheint es, als wenn dieser Logos ein Knabenspieler wäre. Es scheint halt so, als kennte er überhaupt keine Regel. Darum der Ausdruck: ein alogischer Logos. Er spielt Kegel mit dem Menschen, mit der ganzen menschlichen Gesellschaft. Und wie? Er spielt scheinbar absolut willkürlich.

Was will hier das Wort sagen? Das Leben des Menschen wird verglichen mit einem Kegelspiel. Das verstehen wir sofort. Unverständlich spielt der ewige Gott, der über allem wohnt und thront, mit dem Menschenleben. Oft scheint es absolut sinnlos zu sein. Hier bedeutet also das Wort – (das) Leben ein Spiel – etwas Sinnwidriges, nicht Faßbares. Es ist ja auch ein Geheimnis, unser Leben. Wenn wir die Linien, die der liebe Gott durch unser Leben zieht, im einzelnen genau kennen würden, wären wir viel ruhiger. Aber immer müssen wir gewärtig sein – so meint auch der Philosoph –, daß der Knabenspieler auf einmal ohne jegliche Regel alle Kegel auf einmal umwirft. Das Leben, ein Spiel. –

Zweitens, das Leben ein *Ballspiel.* Wir wissen, das Wort ist von der kleinen heiligen Theresia. Auch hier steht wieder im Vordergrund, wie das durchwegs ist, der Hauptspieler, der lebendige Gott. Und was will der Nebenspieler, der Mitspieler? Wenn sie sich so auffaßt als einen Ball in der Hand des lebendigen Gottes, dann will das immer wieder heißen: Jawohl, vorwärts! Der liebe Gott kann mit dem Ball machen, was er will! (Er kann) damit spielen – Ballspiel –, er kann diesen Ball in die Tasche stecken, in den Schmutz werfen, (er kann) damit machen, was er will. Das Leben, ein Spiel.

Nicht wahr, unwillkürlich kommt uns hier wiederum das Gedicht in den Sinn: Das Dudele (von Martin Buber überliefertes chassidisches Lied). Immer nur du, du, du, du. Alles andere ist Nebensache. Was der liebe Gott will! Ja, Vater, ja, dein Wille stets geschehe, ob er mir Freude bringt, ob Leid und Wehe!

Die große heilige Theresia hat das Leben, zumal ihr eigenes Leben, gern verglichen mit einem *Schachspiel.* Und wir wissen, wie das beim Schachspiel ist. Wann hat man das Spiel gewonnen, wann die Schlacht gewonnen? Ja wenn der König schachmatt ist. Wer ist hier der König? Das ist der lebendige Gott in meinem Leben. Hier wird also stärker die andere Seite betont: Wie kann ich diesen König schachmatt setzen? Sie deutet das so: das kann nur die Königin. Die Türme, die Bauern, alles, was sonst auf dem Schachbrett ist, hat keinen Sinn in diesem Spiel, (alle die) können den König, den lebendigen Gott, nicht schachmatt setzen. Das kann nur die Königin.

Nun sehen Sie und hören wir, wie sie sich selber als Königin empfindet. Sind wir auch alle! Alle, ohne Ausnahme, (ob) arm oder reich, jung oder alt, verkrüppelt oder geradegewachsen. Wenn wir das göttliche Leben in uns ernst nehmen, sind wir alle kleine Prinzessinnen, sind wir alle kleine Königinnen. Die Königin, ich allein kann also den lebendigen Gott schachmatt setzen. Was heißt das? Sie deutet das Wort so: Das kann ich nur – das heißt, ich zwinge im gewissen Sinne den lebendigen Gott herunter in mein Leben –, wenn ich schlicht und einfältig und demütig bin; (wenn ich) seine Macht anerkenne, seinen Reichtum anerkenne und mich selber ihm gegenüber als ein kleines Nichts erlebe, das aber lebt von der Barmherzigkeit des ewigen und des unendlichen Vatergottes.

So hat die Literatur das praktische Leben, das Menschenleben seit Jahrtausend(en) – zumal der Vergleichspunkt der ewige Gott ist, der über allem oben wohnt und thront –, verglichen mit einem Spiel.

Nun sprechen wir von einem *Liebesspiel*. Wir sagen es ja: Wir wollen uns die Gnade erbitten, unser Leben aufzufassen als ein Liebesspiel. Den Ausdruck Liebesspiel kennen wir ja alle. (Wir denken an) Liebesromane! Oder wenn wir an die Zeit denken, wo wir einander kennenlernten, um uns zu ehelichen: das ganze Leben war damals ein einziges Liebesspiel. Was heißt das, ein Liebesspiel? Das heißt, es geht hier um zwei Partner, die einander suchen. Und (die) haben keine Ruhe, bis sie einander gefunden haben. Die suchen einander, verstecken sich voreinander – entweder weil sie enttäuscht sind aneinander oder weil sie Scheu haben voreinander –, finden einander, und dann fängt das Spiel wieder von neuem an. Es ist ja wohl so: auch wenn wir einen Roman lesen, sind wir geneigt, schnell an den Schluß zu kommen, um zu sehen, wie sie sich gekriegt haben. So auch in unserm Leben: Wie haben die zwei sich gekriegt? Wer? Der Vatergott und das Vaterkind.

Und wenn wir nun überlegen, fragen, was ist denn der Sinn dieses Liebesspieles zwischen Vaterkind und Vatergott: Das ist die tiefe Liebesvereinigung zwischen beiden. Und der Weg dazu: Liebesbewegung auf der ganzen Linie.

Das Liebesspiel ist ein Suchspiel. Vater und Kind suchen einander. Es ist ein Versteckspiel. (Sie) verstecken sich oft voreinander, verschleiern sich voreinander. (Es) ist ein

Findspiel. (Es) wiederholt sich endlos wieder und wieder. Darum sagt uns das Hohelied, das uns ja dieses Spiel darstellen möchte: Das Leben des Menschen, ja das Leben, die Lebensgeschichte der Auserwählten ist eine Ehegeschichte.

J. Kentenich, aus:
Predigt für die deutsche Gemeinde in St. Michael
in Milwaukee, USA, 6.6.1965

Wie Christus dem Vater Freude machen

Wenn ich eine große Liebe habe, dann weiß ich, in mir steckt eine freudige Bereitschaft, alles zu tun, was der liebe Gott will und wie er es will, auch die freudige Bereitschaft, zu leiden, was der liebe Gott will.

Merken Sie, wie ungemein einfach das alles ist? Der Sinn der Liebe ist Gleichheit. Wesen der Liebe ist eine vereinigende und verähnlichende Kraft. Das ist doch klar, wenn ich den lieben Gott gern habe, dann gilt für mich das schöne Wort: Was dem Vater Freude macht, das tue ich allezeit (vgl. Joh 8,29). Die Liebe gibt mir ja einen ganz anderen Schwerpunkt, das Ich verschwindet, und das Du geht mehr in mich über. Ich in dir, und du in mir, und wir beide ineinander. In dem Ausmaße, als ich *Gott kindlich gern habe*, in dem Ausmaße lebt in mir die Bereitschaft, die freudige Bereitschaft, (dem Vater Freude zu machen). Und das größte Leid meines Lebens besteht darin, daß ich dem Vater doch nicht immer Freude machen kann, ja, das ist das größte Leid meines Lebens. Die Dinge müssen Sie selber an sich erlebt haben, damit wir nachher Gott verstehen. In dem Ausmaße, als ich liebe, ist Sündhaftigkeit Entfernung vom Vater. Da ist das Bewußtsein, ich habe ihm keine Freude gemacht.

Vielleicht beobachten Sie einmal das *Leben des Heilandes*. Der Heiland hat ja auch eine ganz tiefe Liebe zum Vater sein eigen genannt. Wenn ich deswegen wissen will, wie ich mich als Kind dem Himmelsvater gegenüber benehmen muß, brauche ich nur in das Leben des Heilandes zu schauen. Er hatte in sich das große Streben, das in jedem Menschen steckt. Es ist das von Anfang an im Menschen so gewesen, deswegen haben die Menschen sich im Paradies so hoch emporgestreckt. Es steckt im Menschen ein Gottesfunke, der Trieb, über sein eigenes Ich hinauszuwachsen.

Der Trieb war auch im Heiland. Wie hat der Heiland diesen seinen großen Trieb befriedigt? Wie? Er konnte ihn in eigengearteter Weise befriedigen. Es mußte etwas Großes sein. Er wollte die Sünden der ganzen Menschheit tilgen. Er sollte und wollte sich in einer Art geben, daß er Vorbild sein konnte für alle Jahrhunderte.

Deswegen müssen wir einmal beobachten: Worin lag denn die Größe seines Lebens? Darf ich eine schlichte Antwort geben: in der Gottbezogenheit seiner Werke. Seine Größe lag nicht in der Größe seiner Werke. Nein, seine Größe lag darin, daß die Werke, die er gesetzt, dem Wunsche des Vaters entsprachen. Die Gottbezogenheit der einzelnen Werke, das ist die wahre Größe des Menschen. Es mag egal sein, ob ich ständig im Kuhstall bin oder sonstwo. Wann ist mein Wirken groß? Nur in dem Ausmaße, als das Werk dem Wunsch des Vaters entspricht. Hier müssen wir wieder viel beten. Gedanklich fassen wir das vielleicht gar nicht. Wenn ich also beispielsweise eine Arbeit tun soll und ich weiß, der Vater will das, er hat das durch die Verhältnisse so gefügt, wenn ich die Arbeit, die mir aber nicht liegt, nur tue, weil ich muß, werde ich zusammenbrechen. Wenn aber eine große Liebe in mir steckt, ist die Liebe ja die Hauptsache. Das ist für mich die Erfüllung des Urtriebes meiner Natur, des Liebestriebes. Das ist das Allerwichtigste.

Deswegen sind im Leben des Heilandes nicht nur die Werke groß, die nach den Maßstäben der Welt groß sind. Nein, all das, was er tut, auch seine großen Reden, die Wunder, das stille dreißigjährige In-der-Einsamkeit-sich-Aufhalten, die Dinge waren alle gleichmäßig groß. Weshalb? Weil über allem das eine Wort steht: "Was dem Vater Freude macht, tue ich allezeit" (Joh 8,29). Deswegen hat der heilige Paulus uns auch das Morgengebet des Heilandes vorgebetet: Schlacht- und Brandopfer hast du nicht gewollt, aber einen Leib hast du mir bereitet, siehe, ich komme, deinen Willen zu erfüllen (vgl. Hebr 10,5 ff.). Deinen Willen zu erfüllen, das ist es. Ich kam, deinen Willen zu erfüllen. Nun müssen Sie einmal durchstudieren, wie das durchbricht bei allen Gelegenheiten. Es ist fast so, als wenn wir durch einen Ring hindurchschauen dürften auf den Grund seiner Seele. Nun müssen Sie einmal nachschauen, ob das nicht in alleweg so ist. Da haben Sie den Maßstab, der uns das Leben des Heilandes erklärt (...)

Wir dürfen – menschlich gesprochen – sagen,: der Heiland hat sein ganzes Genie, das in ihm steckte, benutzt, um den Wunsch des Vaters zu studieren und restlos sich dem Willen des Vaters zu opfern. Siehe, ich komme, deinen Willen zu erfüllen. Sehen Sie das Kind, das sich innerlich bis zum äußersten – ja, ich möchte sagen – antreiben läßt! Es heißt so schön vom Heiland: Er hat sich selbst entäußert. Er hat nicht Engelsgestalt, sondern Menschengestalt angenommen. Er ist gehorsam geworden bis zum Tode (vgl. Phil 2,5 ff.). Wie ein Wurm hat er sich zertreten lassen, um dem Vater zu zeigen, daß er der Größte ist. Wir verstehen das Leben des Heilandes nur dann, wenn wir wissen, daß bei ihm die Kindesliebe das Letzte gewesen. Wann hat der Heiland sein öffentliches Leben begonnen? In demselben Augenblick, wo der Vater es wollte. Und das, was er nun tat, das sind Werke, die, gemessen auf der Waagschale des Lebens, auch groß waren. Aber, wie war der Heiland sich bewußt: Die Worte, die ich zu euch rede, sage ich nicht aus mir selbst, und die Werke vollbringt der Vater, der in mir bleibt.

Wo sind denn jetzt die Worte und *Werke, die der Vater von mir verlangt?*

J. Kentenich, aus:
Vortrag für Schönstätter Marienschwestern, 6.11.1935

Schönstatt und seine patrozentrische Sendung

Ich weiß, daß Du mein Vater bist,
in dessen Arm ich wohlgeborgen.
Ich will nicht fragen, wie Du führst,
ich will Dir folgen ohne Sorgen.
Und gäbest Du in meine Hand mein Leben,
daß ich selbst es wende,
ich legt' in kindlichem Vertrauen
es nur zurück in Deine Hände.

Ich weiß, daß Du mein Vater bist,
der selbst den Sohn dahingegeben,
den Eingebornen, Licht vom Licht,
der uns im Tode gab das Leben.
So sehr hast Du die Welt geliebt!
Wie sollt' ich da noch zaudern, zagen?
Und führst Du mich auch dunklen Pfad,
o Herr, ich will, ich will es wagen.

Ich weiß, daß Du mein Vater bist,
der mir die Mutter gab zur Seite,
die Mutter Dreimal Wunderbar,
daß ich an ihrer Hand nun schreite.
Und wie Maria sprech' ich still:
Herr, Deine Liebe nie mich trüget.
Dein Wille, Gott gescheh' an mir,
ich will, wie Du, wie Du verfüget.

Strophe 1 und 2 Verfasser unbekannt
Strophe 3 C. Fladung, Schönstatt

Foto von der Feier des Liebesbündnisses mit dem
Vatergott im Schönstatt-Heiligtum in Köln, 30.10.1966

Vaterfamilie

Was im Raume der Familie als lebendige Überzeugung lebt, das ist die Tatsache, daß die Gottesmutter uns im Laufe der Jahre in eigenartig, einzigartig wirksamer Weise als Gesamtfamilie und als Einzelmitglied in und durch Christus im Heiligen Geiste zum Vater geführt hat. Das ist so stark, daß wir denen, die uns vorwerfen, wir würden einem extremen Marianismus huldigen, sagen und zeigen können: Wir sind viel stärker patrozentrische Bewegung als schlechthin marianische Bewegung. Das ist etwas wundersam Schönes, wenn Sie einmal überprüfen, wie das, was ich seit 1914 gesagt, sich langsam sowohl im Denken als auch in der Ausdrucksweise gewandelt hat, nachtastend der Führung des Heiligen Geistes.

Da werden Sie sehr bald inne, daß natürliche und übernatürliche Ordnung einander entsprechen. In der natürlichen Ordnung hängt das Kind nicht am Vater. Der Grund dafür ist, weil in einer Zeit, wo das Kind noch nicht denken kann, wo es nur funktionell lebt, die lebendige Beziehung und alles Leben des Kindes nur von der Mutter abhängt. Von der Mutter hängt es also auch letzten Endes ab, ob das Kind die rechte Beziehung zum Vater bekommt. Eine ihrer wesentlichsten Aufgaben ist es, das Kind durch Dauerbeeinflussung und Dauerhinlenkung zum Vater zu führen. Diese Funktion hat die liebe Gottesmutter als die Dreimal Wunderbare auch in wundersamer Weise in unserer Familie gelöst. So sind wir eine *Vaterfamilie* geworden in einer Zeit, wo an sich die moderne Jugend und darüber hinaus ein Großteil der modernen Kultur auf dem Wege ist, "Vatermörder" zu werden, den Vater in der ganzen Kultur abzusetzen und überall nur Freiheit, Gleichheit und Brüderlichkeit zu sehen und zu sichten, die väterliche Autorität aber in der

Gesamtkultur gleichsam zu morden und zu entfernen. Damit haben wir an sich eine Gegensatzbewegung zu der gegenwärtigen Kulturbewegung!

Wie in vielen Dingen, so mögen Sie auch hier festhalten: Wir werden von heute auf morgen nicht verstanden, einerseits wegen der Bedeutung, die wir der lieben Gottesmutter und ihrer Sendung zusprechen, andererseits neuerdings auch, weil man nicht versteht, daß wir auf einem derartig patrozentrischen Boden stehen. Das wird in Zukunft noch viele, viele Kämpfe kosten... Nur eines, meine ich, sollte ich jetzt in unserem Zusammenhang hervorheben. Weil die Familie so patrozentrisch geworden, erblickt sie heute ihre Aufgabe darin, ein *Vaterreich* zu gründen, ein Vaterreich nicht nur im eigenen Kreise, im eigenen Innern, in der eigenen Familie, sondern auch ein Vaterreich in der ganzen Kirche. Das dürfen Sie nie übersehen: klar geschautes Ziel!

J. Kentenich, aus:
Vortrag für Schönstätter Marienschwestern, 3.5.1966

Doppelte Vaterströmung

Was wir bisher für selbstverständlich erachtet, daß alles im Reiche Gottes ausgeht vom Vater und letzten Endes wieder einmündet in den Vater, das dürfen wir von jetzt ab hier symbolhaft dargestellt sehen (im Vaterauge). "A Patre!" Vom Vater aus! Vom Vater ist der eingeborene Gottessohn ausgegangen und in die Welt gekommen (vgl. Joh 16,28). "A Patre!" Die Apokalypse weiß so glanzvoll zu entschleiern: Der, der auf dem Throne sitzt (vgl. Apk 4,2), der unendliche Vatergott in absoluter Ruhe, und alles Leben im Himmel und auf Erden geht von Ihm aus und kehrt zu Ihm zurück. Er hat seinem eingeborenen Sohn das Buch mit den sieben Siegeln anvertraut (vgl. Apk 5,7). Was ist das für ein Buch? Das ist das Schicksalsbuch der Welt, der Kirche, das ist das Schicksalsbuch unserer Familie, das ist das Schicksalsbuch auch meiner eigenen kleinen Lebensgeschichte. Und der Eingeborene, der dort dargestellt ist als "das Lamm wie geschlachtet" hat auch gleichzeitig die Sendung erhalten, nicht etwa bloß Einblick zu nehmen in dieses Schicksalsbuch, sondern alles, was im Plane steht, was vom Vatergott von Ewigkeit geplant wird, in allen Einzelheiten durchzuführen. Und als Gehilfin hat er sich auserkoren die große Schlangenzertreterin, und als geheimnisvollen Ort der Wirksamkeit hat er sich unsere Heiligtümer erwählt, in denen die Gottesmutter als das große Antidiabolikum die Aufgabe zu lösen sucht, als die große Volkserzieherin die Welt dem Heiland und im Heiland dem Vater zu Füßen zu legen ...

Die Gottesmutter, die große Erzieherin hin zu Christus. Von jetzt ab werden wir uns bewußt: die Gottesmutter, die große Erzieherin "ad Patrem"! Vom Vater haben beide die Aufgabe, die Welt zum Vater zurückzuführen. "Ad Patrem!"

Und von heute ab wissen wir – nachdem das Vaterauge uns darauf hinweist: "Ad Patrem!" Sie wissen, was das bedeutet: Was vom Vater ausgeht, soll auch wieder zum Vater zurück. Deshalb haben wir auch schon seit Jahresfrist beigefügt: Die Gottesmutter ist nicht nur ein vorwärtsdrängendes Christusgefälle, sondern auch ein Vatergefälle. Mutter und Kind haben nur eine Aufgabe, ihre Gefolgschaft zum Vater zu führen. Und hier steht die große Symbolik vor unserem Auge.

Sicher, wir hatten von Anfang an die Aufgabe, eine *Vaterströmung* in die Welt und in die Zeit hinauszuleiten. Es ist etwas überaus wundersam Großes und Tiefes, wie wir an den Strömungen der Familie mitschaffen, sie mitleben und mitkosten durften. Je mehr wir zur Gottesmutter geführt wurden, um so stärker hat die Gottesmutter uns im Heiland und mit dem Heiland zum Vater geführt. Mich dünkt, es gibt heute in der Kirche Gottes keine Gemeinschaft, die so groß und stark und tief getragen ist von einer so elementar alles überwindenden Vaterströmung wie die unsere. Und daß dieser Vaterströmung Schwierigkeiten begegnen, ist das Normalste der Welt. Nun mag es sich zeigen, ob die Gottesmutter die Vaterströmung inszeniert oder ob etwas Menschliches mitgewirkt.

"Ad Patrem!" Das kündet das Vaterauge. Und derweilen diese Strömung elementar groß geworden, ist auch die Kehrseite elementar groß geworden: die *Kindesströmung.* Vater und Kind gehören zusammen. Wo eine Vaterströmung stark geworden ist, da flutet auch eine Kindesströmung. Oft haben wir es uns sagen lassen in dieser schlichten, einfachen Kindesdeutung – wir wissen es: So wie in der natürlichen Familie die Aufgabe der Mutter darin besteht, den Vater zu entschleiern, auf den Vater aufmerksam zu machen – weil sonst das Kind nicht weiß, wer der Vater ist, denn der Vater lebt nicht so triebmäßig mit dem Kind zusammen wie die Mutter –, so hat es auch die Gottesmutter getan. Ohne die Mutter wüßten wir nicht einmal zuverlässig, wer unser Vater ist, und die Aufgabe jeder echten Mutter besteht darin, den Vater in den Vordergrund zu rücken. Das haben Sie in ungemein tiefer Weise in der Familie verwirklicht gesehen. Es war von Anfang an unser Ideal, Sie alle zur Mutter zu führen, und die Gottesmutter hat Sie an die Hand genommen und Sie zum Vater geführt. Vergessen Sie nicht: Der Vater ist das Letzte, das Tiefste, der Vater ist der Anfang und das Ende der ganzen Heilsgeschichte.

Vergessen Sie nicht: unsere ganze Frömmigkeit mag marianisch sein, und sie wird es ewig bleiben. Unsere Frömmigkeit wird ewig bleiben eine Christusfrömmigkeit, eine Heilig-Geistfrömmigkeit bleiben, aber sie muß auch ewig patrozentrisch bleiben. In unserer schlichten Art des Denkens, die immer Natur und Übernatur als Ganzes sieht, sorgt Gott dafür, daß wir Transparente des Vatergottes auf unserem Lebenswege treffen. Wollen wir das, will die Gottesmutter hier von ihren Heiligtümern aus eine tiefgreifende Welterneuerung schaffen, dann muß sie auch dafür sorgen, daß die Transparente Gottes, daß der irdische Vater als Abglanz des ewigen Vaters wieder der Ruhepunkt aller Lebensgebilde hier auf Erden wird.

Vaterströmung! Kindesströmung! Da haben Sie den doppelten Kreis, die doppelte Vaterströmung, die geweckt wird durch den Ausdruck: "A Patre ad Patrem!" Vom Vatergott zum Vatergott! Es scheint eine der wesentlichsten Aufgaben der Dreimal Wunderbaren Mutter und Königin von Schönstatt zu sein, von ihren Heiligtümern aus diese doppelte Vaterströmung zu schaffen. Dafür haben wir seit Jahren gesagt: Eine der wesentlichsten Botschaften von Schönstatt ist die Botschaft vom Vatergott, das ist die Botschaft vom irdischen Vaterbild, vom

Transparent Gottes, und das als das bedeutungsvollste, triebmäßigste Mittel, um auch eine tiefe, innige Kindlichkeit dem Vatergott gegenüber überaus wirksam und lebendig werden zu lassen. So wollen Sie den schlichten Akt der Segnung des "Vaterauges" deuten...

So wollen wir bitten und betteln, daß auch der heutige schlichte Akt seine Symbolkraft entfaltet, wollen bitten, daß Gott uns Männer und Frauen schenkt, die nicht nur schön sprechen können, sondern die die ganze Wucht und Kraft der uns von Gott geschenkten, urgewaltigen Sendung für die heutige Zeit verstehen und bereit sind, ihr Leben dafür zu geben ...

Und sooft wir das Vaterauge hier in unserem Heiligtum künftig sehen und sooft wir unsere Vatergebete beten und unsere Vaterlieder singen, wollen wir uns immer vor Augen halten und beten und singen, was frühere Zeiten uns hier an Lieder- und Gedankengut gegeben: "Vater, laß Dein Reich uns schauen..."' Wir wollen immer wieder festhalten: Es dreht sich um etwas Wichtiges und Wuchtiges und nicht um etwas, was sein kann oder nicht. Nein, es dreht sich um die Abrundung der ganzen Heilsordnung, aber auch um die Abrundung der Heilsordnung in der irdischen Welt.

J. Kentenich, aus:
Ansprache in Florencio Varela/Argentinien, 19.3.1952

Marianisch-patrozentrisches Weltbild

Wir sagen, es geht hier – das besagt uns das Vaterauge –, es geht hier um ein *Weltbild*, ein modernes Weltbild. Nicht so, als wenn das ein Weltbild wäre, das nie existiert hat; aber ein Weltbild, das heute verlorengegangen ist, ein Weltbild, das mehr und mehr dem Untergange geweiht ist.

Zur Vorbereitung für die Klärung mache ich auf folgendes aufmerksam. Wenn Sie einmal an das alte Heidentum denken, wenn Sie an das Frühchristentum denken, wenn Sie an das mittelalterliche Christentum denken, wenn Sie gleichzeitig vor Augen halten als Philosophen in der ganzen Weltauffassung, im Weltbild, eine waagerechte und eine senkrechte Linie, dann müssen wir so gestehen: Altes Heidentum, Frühchristentum, Mittelalter haben mit einer gewissen Einseitigkeit – ich würde natürlich in meinem Denken beifügen: organischen Einseitigkeit – die senkrechte Linie im gesamten Weltbild in den Vordergrund gerückt. Was ist das für eine Linie? Vom Leben hin zum Letzten, zu Gott; alles *theozentrisch* eingestellt. Und seitdem die neue Welt beginnt, bricht mehr und mehr die senkrechte Linie zusammen. Und was bleibt? Die waagerechte Linie. Die waagerechte Linie, das ist *die Welt in sich, getrennt von Gott*. Das wissen Sie ja alle genauso gut wie ich, ob wir an die moderne Technik, Industrie, Wirtschaft denken, wenn wir hier in die moderne Poesie hineinschauen, das ist immer: Die Welt löst sich, hat sich gelöst und löst sich mehr und mehr von Gott. Wir denken in dem Zusammenhang an ein klassisches Bild von Nietzsche. Es ist halt so, wie er meint: Die Erde kettet sich los von der Sonne. Die Sonne ist Gott. Sie kettet sich los, sie rast nach oben, nach unten, rechts und links, immer in Gefahr, in den Abgrund hineinzutorkeln. – Es ist nur ein Bild.

Verstehen Sie, wenn ich nun sage, von welcher Bedeutung das ist, wenn wir erklären: Wir stehen heute mit unserem ganzen Sein auf dem Boden, bekennen uns zu einer ausgeprägt patrozentrischen Weltauffassung, zum *patrozentrischen Weltbild*! Nicht so, als wollten wir die Querlinie nicht auch sehen; die bejahen wir, nehmen alles mit, womöglich sogar noch mehr als bisher. Aber die senkrechte Linie muß immer in den Vordergrund gerückt werden, alles muß wieder mit Gott verbunden werden.

Darum haben wir von Anfang an – und ein Historiker wird uns und kann uns das später sehr schön auseinandersetzen – bei unserm Gottesbild immer gesagt: den *Gott des Lebens*, das heißt des heutigen Lebens, den Gott halten wir fest. Nicht so, als wenn wir nicht auch den Gott des Herzens, den Gott unserer Altäre in den Vordergrund gerückt hätten. Das ist aber das, was an sich ja existiert. Aber den Gott des Lebens, den in den Vordergrund zu rücken, ist an sich für heutiges Denken, auch religiöses Denken, in etwa etwas Neues und Ungewohntes.

Und dann fügen wir das urgewichtige Wort bei: nicht nur theozentrisch, sondern *patrozentrisch*! Will also heißen: Hinter allem Weltgeschehen steht ein Vatergott, der immer die Zügel in der Hand hält. Ich mag das nicht länger auseinandersetzen. Sie spüren nur jedenfalls, was das heißt. Wozu bekennen wir uns, wenn wir das Vaterauge anbringen? Zu einem patrozentrischen Weltbild!

Freilich fügen wir bei: einem *marianisch* gefärbten. Das ist ja unsere ganz spezifische Sendung von Anfang an gewesen, daß wir die Sendung der Gottesmutter als unsere urpersönliche und als gemeinsame, gemeinschaftliche auf unsere schwachen Schultern genommen haben. Alles in unserer Familie, alles, was irgendwie Geistigkeit bedeutet, ist in irgendeiner Weise marianisch gefärbt.

Und wie schwer das heute ist, das sehen Sie ja aus all dem, was auf dem Konzil verhandelt wird. Es ist nicht so, als wenn das nicht früher auch gewesen wäre, aber heute ist das alles fast neu. Und wir dürfen uns das wohl so vorstellen, als wenn die Gottesmutter heute durch die Welt hindurchginge – Heimsuchung; sie sucht ein Heim, sucht Menschen, sucht Gemeinschaften, sucht Orte, wo sie sich niederlassen, ihre Sendung erfüllen kann. So haben wir der Gottesmutter uns verschrieben. Und was hat die Gottesmutter getan? Ihre Sendung in uns in dem Sinne zunächst erfüllt, daß sie uns an die Hand genommen und zum ewigen Vatergott geführt hat. Das Liebesbündnis, das wir mit ihr geschlossen, hat sie in ganz greifbarer Weise weitergeleitet zu einem Liebesbündnisse mit dem Vatergott.

J. Kentenich, aus:
Ansprache 31.10.1964 in Milwaukee

Tiefere Gründe für das geschichtliche Werden

Wenn wir alles so einmal auf uns wirken lassen, was in der Familie geworden, wenn wir kritisch überprüfen: was ist denn nun eigentlich gegenwärtig die zentralste Haltung? – dann meine ich: das ist das Grundverhältnis zum Vatergott. Es mag zunächst ein wenig stutzig machen. Man sagt ja wohl: Per Mariam ad Jesum. Bei uns hat sich das andere Wort verwirklicht: Per Mariam in Jesu ad Patrem (durch Maria in Jesus zum Vater)...

Wenn ich nun die *Gründe* angeben soll, wie das gekommen und *weshalb das so gekommen ist*, dann müßte ich zunächst als theologischen Grund namhaft machen einen doppelten.

Der erste theologische Grund liegt in der *Sendung der lieben Gottesmutter*. Wenn schon diese unzertrennliche Zweieinheit im Sein und Wirken zwischen ihr und dem Heiland vorhanden, dann ist es selbstverständlich, dann mußte die Gottesmutter für sich persönlich kreisen um das zentralste Interesse des Heilandes. Und was ist das zentralste Interesse gewesen? Da brauchen wir bloß einmal das Hohepriesterliche Gebet auf uns wirken zu lassen, dann spüren wir: Ja, was hat er für eine Aufgabe? Deinen Namen – den Vaternamen – der Welt kundzutun (vgl. Joh 17,6.26). Prüfen wir ferner das Seelenleben des Heilandes. Wenn wir schon einmal von einem persönlichen Ideal bei ihm sprechen wollen, läßt es sich wohl am leichtesten und sinngemäßesten auf das Wort zurückstraffen: *Ita, Pater* (Mt 11,26f u.a.).

Darf ich auf ein *zweites Moment* aufmerksam machen? Dann muß ich so sagen: Wir wissen das ja, daß der Vorsehungsglaube die Grundlage für unsere Erkenntnis über die Sendung unserer Familie ist. Jetzt hören Sie einmal: *Vorsehungsglaube und Vaterbild*, die bedingen einander. Wo der Vorsehungsglaube lebendig ist, da muß letzten Endes das Gottesbild das Vaterbild sein. So meine ich, dürfte ich sagen: Der Vorsehungsglaube ruft und weckt den Vater, und der Vater verlangt von uns den einfältigen, schlichten Vorsehungsglauben.

Auch hier müssen Sie wieder sich sagen lassen, wie originell das alles ist. Wir leben im Hintergrunde in einer verwitterten Zeit, in einer aufgelösten Zeit so originell unser religiöses Eigenleben, daß wir uns darob wundern müssen. Aber das ist auch nur dadurch möglich, daß wir geschlossen geblieben sind, nur dadurch möglich, daß wir ständig im gewissen Sinne, obwohl wir mitten in der Welt gelebt, in der Einöde gewesen sind. Das ist dadurch möglich, daß wir eine geistige Mauer um uns errichtet haben und immer wieder und wieder durch die Kurse uns den Weg haben weisen lassen, den Weg hin zur konkreten Anwendung der ganzen Dogmatik.

Sie dürfen auf diesem Hintergrunde sich auch noch einmal vergegenwärtigen, wie notwendig an sich heute bei dem furchtbaren Wirrwarr in der Weltregierung und im Weltgeschehen, wie notwendig heute das Vaterbild ist. Nehmen Sie hinzu, wie die heutige Menschheit praktisch von einer Knechtschaft in die andere gestürzt ist durch all die Allüren der Diktatoren, dann verstehen wir sehr gut, wie stark jetzt aus dem Lebensstrome, dem geistigen, religiösen Lebensstrome, der durch die Kirche hindurchbraust, wie stark der Vatergott herausstrahlen muß. Sonst kommen wir über Minderwertigkeitsgefühle, über Rätsel, unlösbare Rätsel überhaupt nicht hinaus.

Psychologische Gründe: Weil die heutige Menschheit an sich so geschunden ist, weil die heutige Menschheit nicht mehr in das Antlitz Gottes als des Vatergottes hineinschaut, nicht hineinschauen kann ob all der schrecklichen

Erlebnisse, darum ... Wir reden nachher noch einmal von den verschiedenen Gesetzmäßigkeiten, die in der göttlichen Weisung, Hinweisung, Hinordnung auf Zweitursachen uns vielerlei zu sagen haben. Da gibt es auch nicht nur ein Weltregierungsgesetz, nicht nur ein Weltordnungsgesetz, nicht nur ein Weltvervollkommnungsgesetz, sondern auch ein *Weltanpassungsgesetz*. Was heißt das? In seinen Führungen paßt sich der lebendige Gott an – an die Bedürfnisse des Individuums und an die Bedürfnisse der Zeit. Wenn nun das Bedürfnis da ist, aus dem Wirrwarr, aus dem elementaren Druck des heutigen Lebens zu Gott emporzuschreien, dann ist es klar, die Antwort auf diese Druckgefühle muß an sich immer das Vaterbild sein.

Es kommt ein zweites dazu – es sollen ja nur psychologische Momente sein –: Sie dürfen nicht übersehen, die *Auflösungstendenzen* in der heutigen Menschheit sind überall ungemein stark progressiv. Sie wissen, was wir nach der Richtung sagen: Auflösungstendenzen – das ist zumeist typisiert, so wie wir das darstellen in dieser schroffen Einseitigkeit, existiert es noch nicht. Aber die Entwicklung geht nach der Richtung. Das heißt, die natürlichen Bande in der Familie, überhaupt im ganzen Lebensgefüge, die werden mehr und mehr zerrissen. Und deswegen – nach dem Gesetze der normalen Assoziation haben wir damit eine Grundlage in Erschütterung gebracht, die uns mehr und mehr erklärt, weshalb das Vaterbild, auch das Gottesbild als Vaterbild, mehr und mehr in Erschütterung geraten ist. Mangel an Erlebnissen – Kindes- oder Vatererlebnissen – auf der natürlichen Ebene erklären an sich tiefer und tiefer das Verschwinden der übernatürlichen Erlebnisse mit dem Vatergott. Wiederum: Weltanpassungsgesetz läßt uns deswegen besser verstehen, weshalb an sich der Vatergott jetzt stärker in den Vordergrund rückt und rücken muß.

Lassen Sie mich einen eigenartigen Gedanken beifügen. Wir haben ja immer wieder gesagt: Schönstatt möchte antizipieren die *Kirche am anderen Ufer*. Ja, wird nicht am anderen Zeitenufer der Vatergott wieder viel stärker in den Blickpunkt rücken müssen, als es seit Jahrhunderten geschehen ist? Deswegen schon, weil wir keine Mauern mehr kennen. Deswegen müssen die grundsätzlichen, letzten seelischen Einstellungen viel stärker in den Vordergrund rücken. Und wir werden nicht mehr zurückkommen zum alten Ufer. Die Welt ist dafür zu stark in Bewegung geraten. Und wir werden auch von unserer Religion aus immer wieder und wieder stärker in den Kampf hineingezogen werden, dieweilen ja die geistigen Strömungen heute keine Chinesische Mauer mehr kennen. Auch alles Widergöttliche flutet heute durch die Welt. Umso mehr müssen wir das Göttliche, umso mehr alles, was das Religiöse angeht, auf letzte, allerletzte Fundamente, Prinzipien zurückführen. Was will das alles sagen? Wie wahr das zu sein scheint, daß unser Leben in der Familie antizipiert das Bild der Religion am neuen Zeitenufer! Am neuen Zeitenufer muß der Vatergott stärker in den Vordergrund treten, am neuen Zeitenufer will alles tiefer in den Vatergott hineingelenkt werden, sonst kommt man mit dem Wirrwarr des Zeitgeschehens nicht mehr zurecht.

Das ist ein Bündel von psychologischen Gründen, das reichlich vermehrt werden könnte mit Hinweisen. So verstehen Sie immer wieder, wie eigenartig die Gottesmutter uns geführt hat. Wir sind viel eigenartiger, origineller, als wir wissen. Ich wüßte nicht, wo heute so viel der Vatergott im Vordergrund steht wie bei uns, abgesehen von Individuen. Und selbst wenn etwa nunmehr durch die Liturgie der Gedanke (an den Vatergott) stärker in den Vordergrund gerückt wird, dann ist das zunächst noch Gedanke... Sehen Sie, das ist noch lange nicht gelebt, wenn das einmal geistig in den Vordergrund gerückt wird. Alles in allem, Sie sehen also, wie eigenartig unsere religiöse Entfaltung und Entwicklung geworden, so ganz *eigengesetzlich*; ja, das dürfen wir nicht sagen, oder wenn eigengesetzlich, dann *gottesgesetzlich*. Da stecken dann im Hintergrunde Prinzipien, da stecken im Hintergrunde göttliche Anregungen, denen wir gefolgt sind, ohne wahrscheinlich recht die inneren Zusammenhänge klar zu sehen.

Dann ein zweites. Dieweilen wir ja in diesen Tagen auch möglichst ehrlich miteinander sein wollen, meine ich, ein zweites psychologisches Moment besteht darin: in *meinem Grundverhältnisse zur Familie*. Dieses Hingeordnetsein auch zu einem irdischen, sagen wir mal geistigen Vater, das ist auch wieder etwas so Originelles. Nicht so, als wenn das nicht existierte, es gibt ja auch heute noch gesunde Familien. Aber so stark im Vordergrunde, wie das bei uns ist, ein menschliches Vaterprinzip – ich weiß es nicht, ob Sie das irgendwo so finden. Auch wenn die Genossenschaften franziskanischer Art immer ihre Lieder singen "Vater Franziskus", dann ist immer die Frage: Ist das nun wirklich etwas Lebendiges, wenigstens so lebendig, wie das bei uns der Fall ist?

J. Kentenich aus:
Vortrag für Theologen, 07.01.1963

Vom Liebesbündnis mit Maria
zum Liebesbündnis mit dem Vatergott

Wie kommen wir denn nunmehr von dem Liebesbündnis mit der Gottesmutter zu dem Liebesbündnis mit dem Himmelsvater? Ich will ganz schnell drei Gedanken aneinanderreihen:

– Das hat der Vater so gewollt,
– unser Herz hat Sehnsucht danach,
– die Familie ist darauf angewiesen.

Der Vater hat das so gewollt. Was hat er gewollt? Daß das Liebesbündnis mit der lieben Gottesmutter uns auf dem schnellsten und sichersten Wege zu dem Liebesbündnisse mit ihm führte. Und was wir heute wollen? Wir haben es ja eingangs klar genug hervorgehoben. Wir wollen nunmehr das Liebesbündnis mit dem *Vater*, das voriges Jahr ausgerufen worden ist, gemeinsam und feierlich schließen. Wodurch? Dadurch, daß wir als Symbol für dieses gegenseitige Liebesbündnis das *Vaterauge* anbringen. *Feierliche Konstituierung des Liebesbündnisses mit dem Vater für die gesamte Familie.*

Noch einmal: Der Vater hat das so gewollt von Ewigkeit. Woher wissen wir das? Ich könnte jetzt von zwei Seiten den Gedanken angehen. Ich sage zuerst einen Satz, der sehr gewichtig ist, aber nicht so schnell verstanden wird: Das ist ja der Sinn des Liebesbündnisses mit der lieben Gottesmutter: es soll der *Ausdruck* sein des Liebesbündnisses mit dem Vatergott, es soll zweitens die *Sicherung* sein für das Liebesbündnis mit dem Vater und drittens das *Mittel*, um das Liebesbündnis mit dem Vater unauslöschlich, unlösbar zu schließen. Das liegt an sich ja wohl schon in der Sendung der lieben Gottesmutter.

Wir können diese Sendung von einem doppelten Gesichtspunkt aus betrachten. Zunächst einmal von dem Gedanken: Sie ist unsere Mutter. Und das ist in der natürlichen Ordnung auch so: Die Mutter hat zunächst die Aufgabe, das Kind zum Vater zu führen. Daß die Gottesmutter das bei uns getan, greifen wir ja mit Händen auf der ganzen Linie. Es ist schon selbstverständlich so, daß der Vatergedanke jetzt überall in der Familie zündet oder schon länger gezündet hat.

Wenn wir den Gedanken betrachten vom Heilande aus, dann steht die Gottesmutter vor uns als die amtliche Dauerhelferin und Dauergefährtin des Heilandes. Der Heiland hatte die Aufgabe, alle Menschen, die sich von Ihm erlösen ließen, zum Vater zu bringen. Deswegen dort, wo er sich selber Rechenschaft ablegt über seine Sendung: "Deinen Namen, den Vaternamen, habe ich den Menschen geoffenbart" (vgl. Joh 17,6). "Das Werk", sagt er zum Vater, "das du mir aufgetragen, habe ich vollendet" (vgl. Joh 17,4).

Also alles in allem, das ist das Selbstverständlichste von der Welt, daß an sich das Bündnis mit der lieben Gottesmutter – ja, wie soll ich das ausdrücken? – aufzufassen ist wie ein Vaterstrudel. Wenn ich in einen Strudel hineinkomme, kann ich nicht mehr heraus. Wer sich der Gottesmutter durch das Bündnis ausliefert, ist in einem Vater- und in einem Christusstrudel. Das sind keine Gegensätze, wie man das heute allgemach meint, das sind keine Widersprüche, keine unlösbaren Widersprüche. Weil wir heute, zumal in unseren gebildeten Kreisen, zu wenig organisch denken, haben wir immer die Not, man könne das Liebesbündnis mit der Gottesmutter in besonderer Weise nicht pflegen, ohne daß das Liebesbündnis mit dem Heiland und dem Dreifaltigen Gott dadurch in den Hintergrund trete. Das ist umgekehrt. Je solider, je tiefer das Liebesbündnis mit der

Gottesmutter ist, desto gesicherter, desto solider ist das Liebesbündnis mit dem Heiland und mit dem Vatergott.

Also der Vater will, daß die Gottesmutter uns zu ihm führt, daß das Liebesbündnis mit ihr sich auswirkt in hervorragender Weise als Liebesbündnis mit dem Vater.

J. Kentenich, aus:
Vortrag in Köln, 30.10.1966

Sendung der Gottesmutter und Zeitnot

Unsere Familie war immer von einer *tiefgreifenden Vater-strömung* getragen. *Wie kamen wir dazu,* den Vater von Anfang an bald so, bald so, bald leise, bald laut, bald funktionell, bald reflexiv bewußt in den Vordergrund zu rücken? Ich meine, ich sollte hier drei *Gründe* kurz registrieren:

Erster Grund: *Unsere eigenartige Auffassung von Aszese.* Für uns ist Aszese letzten Endes weiter nichts als die konkrete Anwendung der gesamten Dogmatik. Was sagt uns die Dogmatik, die Gotteslehre? Ursprung, Mittelpunkt von allem ist der Dreifaltige Gott. Alles, was wir getan, zielte dahin. Auch dort, wo andere Strömungen, etwa die marianische, im Mittelpunkt standen, war es für uns immer selbstverständlich: letzten Endes soll alles hinführen zum Dreifaltigen Gott, zum Vatergott.

Zweiter Grund: *Die eigenartige Sendung der Gottes-mutter vom Heiligtum aus...* Es ist schier so, als habe der lebendige Gott die Gottesmutter in unser Heiligtum gesandt, damit sie die kommende Zeit, damit sie auch die jetzigen Schönstätter ständig hinführt zu diesem hohen Gut, dem großen Geschenk der allseitigen Vaterergriffenheit...

Dritter Grund – er will gleich ausführlicher in einem anderen Zusammenhang berührt werden: Vox temporis vox Dei (Die Stimme der Zeit ist die Stimme Gottes)! *Die große Not der heutigen Zeit ist diesseitige und jenseitige Vaterlosigkeit*, ist Flucht vor Gott, vor Gott als Person, in hervorragender Weise vor Gott als Vater. Wir mögen diese Vaterschaft auffassen als eine gerechte oder als eine einzigartig barmherzige Vaterschaft, – daß sie nicht gesehen und anerkannt wird, das ist die ungeheuer klaffende Not der heutigen Zeit. Nicht umsonst wissen uns Dolmetscher der konziliaren Bestimmungen zu sagen: Das zentralste Anliegen des Konzils und der nachkonziliaren Zeit ist nicht zunächst die Liturgie, das sind nicht so viele andere Dinge, die heute da und dort im Vordergrund stehen. Das zentrale Anliegen ist *Gott*! Weil das große Axiom unserer Familie ist, auf Zeitnöte, auf Zeitbedürfnisse eine Antwort zu geben, ist es verständlich, daß in der Familie allezeit eine starke Vaterströmung lebendig war.

Diese Vaterströmung hat nunmehr, vornehmlich im letzten Jahr, die ganze Familie unwiderstehlich ergriffen, und zwar in einer Weise, daß das Vaterbild nicht nur unseren Kopf, sondern auch den Willen und das Herz beherrscht, wenigstens zu beherrschen sucht.

J. Kentenich, aus:
Vortrag auf der Delegiertentagung
Oktober 1967

Verwurzelung in der natürlichen Ordnung

Welche Bedeutung hat *die niedere, geschöpfliche Ordnung* für die höhere gnadenhafte? Die Antwort lautet: Sie weist auf die höhere hin. Genauer: *Sie ist für die höhere Ausdruck, Mittel und Schutz.*

Was damit gesagt sein soll, sei an einem Beispiel aus dem Leben veranschaulicht. *Kindesliebe zum irdischen Vater* ist für den Katholiken *zunächst Ausdruck der Kindesliebe zum Himmelsvater. Sie erweist sich ferner als starker Schutz für diese Liebe.*

Der Grund ist folgender: Ist sie vorhanden, greift sie tief bis ins vor-, un- und unterbewußte Seelenleben, so ist es nach dem Gesetz der organischen Übertragung leicht, sie lebensmäßig auf den Himmelsvater zu übertragen. Wie die Erfahrung zeigt, kommen ungezählt viele Katholiken zu keinem tiefen Kindesverhältnis zum Vatergott, weil ihnen die Grundlage in der niederen Ordnung fehlt. Aus demselben Grunde wird für ungezählt viele mit der Zeit der Vater im Himmel entwirklicht. Er verflüchtigt sich zu einer bloßen Idee.

Da berühren wir wieder die unübersehbar *tragische Folge des philosophischen Idealismus* in einer Zeit, in der die natürlichen Ordnungen gelockert, ja fast aufgelöst sind und wir mit deren völliger Zerstörung rechnen müssen. Beides zusammen, idealistische Theorie und praktisches Leben, künden ein Christentum an, das keine Kraft und keinen Saft mehr kennt, das unweigerlich einem dahinbrausenden Sturm zum Opfer fällt. *Die Seele braucht nicht nur ideenmäßige, sondern auch lokale und besonders personale Bindungen.* Person wird nur durch Person, durch personale Bindungen wurzelfest und vollendet. Wie einem Baum ohne Wurzel, so ergeht es einem Menschen ohne diese vielgestaltige Verwurzelung in der niederen, in der natürlichen Ordnung. Er wird schnell aus ihr herausgeworfen und wächst nicht tief genug in die höhere Ordnung, in die übernatürliche hinein. Das ist der Normalfall. Ausnahmen bestätigen die Regel.

So verstehen wir das Wort: Eine vaterlose Zeit ist eine wurzel- und heimatlose, ist aber auch eine gottlose Zeit. Damit ist der Weg zur Rettung aus der heutigen Krise angedeutet. In unserem Zusammenhange heißt er: Zurück zur vaterfrohen Zeit, dann ist das Tor geöffnet für eine heimat- und gottfrohe Zeit!

Wir berühren mit diesem beliebig herausgegriffenen Falle nur eine Seite der zerfallenen Kultur von heute. Man vervielfältige ihn, man wende ihn, wenn man will, auf das Mutterprinzip an – die Struktur der Krankheit liegt immer auf derselben Ebene: Die niedere Ordnung ist heillos zerfallen und verfallen. Damit entbehrt die höhere, die übernatürliche, eines wertvollen Schutzes und ist ständig in Gefahr der Entwirklichung und des Zerfalles. Die Gnade setzt ja die Natur nicht nur als Träger voraus, sie bestimmt auch gleichzeitig wenigstens in etwa ihre Richtung und Aufnahmefähigkeit mit ...

Die berührte Problematik ist für uns deshalb so bedeutungsvoll, weil wir *unsere Sendung der kollektivistischen Zeit gegenüber* nur lösen können, wenn wir *den gefährdeten natürlichen und übernatürlichen Organismus und die beiderseitig gottgewollten Wechselbeziehungen richtig sehen* und – soweit das bei unserer erbsündlich belasteten und durch Massendämonie verwilderten und geschwächten Natur möglich ist – *zu retten verstehen.*

J. Kentenich, aus:
Brief-Studie an Joseph Schmitz, 1952

Das Vaterproblem der Neuzeit

Das dritte Problem, das durch das Geheimnis der Liebe gelöst werden kann und muß, ist das *Autoritätsproblem.*

Seit rund 200 Jahren hat es eine vielschichtige Entwicklung durchgemacht, die heute, vor allem im Aufstand der Söhne, einen gewissen Höhepunkt erreicht haben dürfte. Sie ist offenbar nicht nur eine spezifisch deutsche und mitteleuropäische, sondern eine internationale Erscheinung.

Die Soziologen geben als Grund dafür die radikale Wandlung der ganzen Gesellschaftsordnung als Folge der technisch-wirtschaftlichen Entwicklung an. Dabei übersehen sie nicht, daß Weltkriege und Revolutionen durch tragische Begleitumstände zur Aushöhlung des hierarchischen Gefüges der Keimzelle der menschlichen Gesellschaft beigetragen haben.

Es wäre aber weit gefehlt, wenn man hauptsächlich oder ausschließlich die äußeren Verhältnisse für den historisch gewordenen Aufstand der Söhne gegen die Väter und den daraus folgenden "Vatermord" verantwortlich halten wollte.Die Soziologen weisen nach, daß das Schuldkonto der Väter nicht geringer belastet ist als das der Söhne.

Der Abfall der Väter vom Ideal schöpferisch-selbstloser Väterlichkeit hielt – teils als Ursache, teils als Wirkung – gleichen Schritt mit dem Aufkündigen der Sohnespflicht. Anstatt daß die Väter Forderungen an sich selbst stellten, Forderungen an selbstlosen und liebebeseelten Opfergeist und Glaubensmut – an die Grundhaltung also, die als Quelle beseelter innerer Autorität anzusprechen ist –, versteiften sie sich vielfach auf äußere Forderungen, die sie selbst nicht mehr erfüllten, sie verlangten lediglich äußeren Gehorsam und begnügten sich mit Anwendung seelenloser Zuchtmittel, um ihren Willen durchzuführen. Durch dieses ständige Pochen auf rein äußere Autorität entarteten sie vielfach zu hemmungslosen Despoten.

Genauer gesagt: *Sie unterließen es gemeiniglich, die eigene Autorität rechtzeitig und wirksam durch die Autoriät eines sorgsam gepflegten Gewissens oder durch die Autorität des allgegenwärtigen Gottes zu ersetzen,* der durch das Gewissen seine Wünsche sagt, seine Forderungen stellt, seine Beistandsgnaden anbietet und so Meisterwerke göttlicher Erziehungskunst schaffen will.

Hier geht es füglich offensichtlich um eine Aufgabe, die heroische väterliche Vorbildlichkeit verlangt, die mehr Mühe, Überlegung und Unterweisung kostet als die bündige Sprache radikaler Machtansprüche mit ihrer äußeren Zucht und hemmungslosen Anwendung des Stockes. Wer sie lösen will, muß höchste Forderungen an seinen opferfreudigen Idealismus stellen.

Gründe für das Versagen der Väter lassen sich mannigfach angeben. Sie sind innerer und äußerer Art. Letzten Endes wurzeln und münden sie gemeiniglich allesamt in einer persönlichen verschrobenen und *verschobenen Sicht des Vatergottes und in bedenklichem persönlichen Mangel an eigener kindlicher Grundeinstellung dem Vatergott gegenüber.* Man erinnere sich an das Wort, das in unseren Kreisen geläufig ist: "Die Spartiaten bleiben ewig Fragment. Sie werden nie kraftvolle Männergestalten. Denn wer nie Kind gewesen, wird auch nie Mann." Es fällt nicht schwer, dem Wort den Sinn zu geben, der hier paßt.

Der tiefere Grund für die berührten Zusammenhänge liegt in der *Eigenart menschlicher Vaterschaft und Väterlichkeit.* Sie hat allezeit *lediglich stellvertretenden Charakter:* sie *nimmt teil an göttlicher Autorität;* sie setzt diese – und mit ihr die absolut geltende lex aeterna (die ewige göttliche Ordnung) – in anschaulicher Weise gegenwärtig. Das tut sie nicht nur durch das gesprochene, sondern auch durch das gelebte Wort, d.h. durch das praktische Leben. Deshalb darf und will und muß das Leben des Vaters – soweit als möglich – ein Nachleben der Lebensweise des Vatergottes und eine gelebte göttliche Ordnung sein. Zum mindesten müßte das ernste Streben nach diesem hohen Ideal vorhanden sein und wenigstens einigermaßen in Erscheinung treten. Diese tiefe innere Beziehung zwischen göttlicher und menschlicher Vaterschaft und Väterlichkeit ist unerläßlich, wo letztere ihre Sendung für die kommende Generation erfüllen will. Vom irdischen Vater als Abbild des himmlischen will und muß die Gefolgschaft lernen, ein herzhaftes, ein freiwilliges und selbständiges Ja zum ewigen Vater und zu seiner lex aeterna zu sagen.

Die heutige Situation ist so gelagert, daß man durchaus berechtigt ist, echte Väter mehr denn je als "die großen Abenteurer der modernen Welt" zu bezeichnen. Sie müssen nicht nur – um ein Wort von Gabriel Marcel zu wiederholen – in der Ehe "den Egoismus zu zweien" überwinden und auf den – durch hemmungslosen Gebrauch empfängnisverhütender Mittel – erstrebten und erhofften "Genuß ohne Reue" verzichten: es geht schlechthin darum, Werktagsheilige zu werden, d.h. erfolgreich zu ringen um Heroismus übernatürlicher Grundeinstellung zu Welt und Leben, bis zum Ende des Lebens sich kraftvoll in Selbstzucht zu nehmen und Helden eines dauernden Opfergeistes oder unblutige Märtyrer zu werden.
Der Vollständigkeit halber sei hier bereits – wenn auch nur am Rande – angemerkt, von welcher Bedeutung für die Aktualisierung des im kollektiven Unterbewußtseins als Archetyp wurzelnden Vaterbildes das konkrete, das individuelle Vatererlebnis für beide Geschlechter ist.

Nach dem Gesagten ist jedenfalls festzuhalten, daß beim Aufstand der Söhne gegen die Väter die Schuld von beiden Partnern sich einander die Waage hält ...

Die Enttäuschung der jungen Generation an der alten geht bis in die neueste Zeit. Sie ist auch heute noch nicht ganz überwunden. Man kann wohl sagen, daß sie am Abklingen ist.

Die Hauptklage geht dahin, daß die Väter die Zeit – nicht die frühere, sondern die heutige Zeit – mit ihren Spannungen und Nöten beileibe nicht bewältigt haben. Sie würden – so klagt man – nicht ein greifbares Stück moderner Weltbemeisterung und Weltordnung in sich verkörpern; sie stellten deshalb kein hochragendes, greifbares Ideal dar, an dem der junge Mensch von heute emporwachsen und von dem er lernen könnte, seine Welt mit den neuen Problemen und Spannungen und dem urgewaltigen Sturmesbrausen selbständig zu ordnen und schöpferisch zu gestalten ...

Die Soziologen machen darauf aufmerksam, daß sich neuestens in breiter Form eine wachsende Rückbewegung der Jugend zum Vater und zur inneren Bindung an ihn bemerkbar macht. Sie kann und will nicht mehr länger auf die dringend als notwendig empfundene väterliche Autorität verzichten. Der eingeborene Zug zur Verehrung eines väterlichen Vorbildes ist wieder wach geworden. Sie verlangt Ordnung und Gesetz – nicht wie ehedem als äußerlichen Formalismus, sondern in personal gebundener und beseelter Form. Gesetzesliebe und Gesetzeszucht soll Grund und Ziel in Gesetzgeberliebe haben. Sie verlangt nach Schutz und Geborgenheit, nach Führung und innerseelischer Bindung: aber nicht in einem starren und verlogenen System, sondern in einer ehrlichen und gesicherten und personalen Funktion des Vaters, wie sie in personaler Gebundenheit der beiden Partner ohne weiteres gegeben ist. Kurz: sie sehnt sich nach einem neuen Vaterbild.

Ernst Jünger sagt dafür: "Die Lösung hängt von einer neuen Konzeption des Wortes Vater ab."

J. Kentenich, aus:
Studie 1964

Vaterprinzip – Grundpfeiler der Gesellschaft

Wie bedeutungsvoll für das "neue Ufer" allseitige Berücksichtigung des Organismusgedankens oder die Idee des natürlichen und übernatürlichen Bindungsorganismus und der gegenseitigen Wechselwirkung ist, scheint weitesten – vornehmlich einseitig konservativ eingestellten oder vom philosophischen Idealismus, vom Protestantismus oder von mechanistisch-kollektivistischen Auffassungen beeinflußten – Kreisen unbekannt zu sein. Darum mangelt ihnen das Organ für die Beurteilung neuartiger Lebensvorgänge.

Wir sehen zum Beispiel im *Vaterprinzip* einen konkreten zentralen Exponenten dieses Organismusgedankens und hoffen durch seine zwar zeitgemäße, aber reinrassige Hinüberrettung ans andere Ufer in einem Schnittpunkt nicht nur symbolhaft, sondern wirklich die ganze natürliche und übernatürliche Ordnung in sich und in ihrem gegenseitigen Verhältnis dort sicherstellen zu können. Wie innig die Beziehungen zwischen dem irdischen und dem himmlischen Vaterbild sind, haben wir des öfteren nachgewiesen. Mit Recht schließt man deshalb von einer vaterlosen auf eine gottlose, von einer vaterfrohen auf eine gotterfüllte Zeit.

Da nach St. Thomas väterliche Autorität als Abglanz der zeugenden göttlichen Urheberschaft die primäre irdische Gewalt darstellt, steht und fällt mit ihr im menschlichen Empfinden jegliche Autorität im Himmel und auf Erden, in Familie und Gesellschaft, in Politik und Wirtschaft. Leo XIII., der das Ohr sorgfältig am Herzen Gottes und die Hand am Pulsschlag der Zeit hatte, wird deshalb nicht müde, die hier berührten Zusammenhänge mit Berufung auf den hl. Thomas und die objektive Seinsordnung als

Grundlage und Norm für die gottgewollte subjektive Lebensordnung immer wieder zu verkünden.

Christliche Gesellschaftsordnung baut auf der Naturordnung auf. Darum *stützt sie sich auf väterliche Autorität, die sie als Grundlage, Sicherung und Schutz jeglicher Macht in allen Gemeinschaftsgebilden* auffaßt. Nachdem der ewige Vater durch Lehre und Leben des Eingeborenen sich als der über alles Maß Liebende mit seiner allumfassenden, besonderen und einzigartigen Vorsehung der Welt geoffenbart hat, ist väterliche Autorität der brutalen Willkür entkleidet, sie verbindet in weiser Mischung Vaterwürde mit Vaterweisheit und Vatersorge. Es klingt in ihr für menschliches Ohr und Herz nicht nur Kraft und Festigkeit, nicht nur gebieterischer Herrscherwille und unabdingliche Standfestigkeit, nicht nur unerbittliche Schöpfermacht, noch viel weniger Diktaturgelüste, das über Menschen willkürlich verfügt wie über Viehherden und Zementsäcke, das nur Zahlen und soziale Mechanismen kennt, sondern auch Liebe und Güte, selbstloser Dienmut und opferfroher Verschenkungswille, um "auctor", d.h. weitestgehend Urheber des Lebens im biologischen, im geistigen und religiösen Sinne des Wortes zu sein und sich so Liebe, Ehrfurcht und Willigkeit seiner Kinder Tag für Tag neu zu erobern und in liebender Sorgsamkeit die Hände schützend über die Gattin und Mutter zu halten, vorab, wenn sie in tiefer biologischer und seelischer Zweieinheit strömend das Leben des Kindes trägt. Während er sich selber liebend beugt vor Gottes Wunsch und Gesetz, um so dem Vatergott und Gesetzgeber innerlich verbunden zu sein, ist er der kraftvoll-gütige Repräsentant und Wächter göttlicher Autorität und ihrer unerbittlichen Ansprüche auf menschliche Willigkeit und Folgsamkeit in seiner Familie und pflanzt so tief in Wille, Herz und Gemüt Fügsamkeit gegen das Sittengesetz als Ausdruck göttlich väterlicher Hoheit und Liebe. Mag er Gottes Gerechtigkeit abbildlich darstellen oder seine Güte und Barmherzigkeit verkörpern: niemals entläßt er die Seinen aus seiner individuell bergenden persönlichen Hut und aus der nimmermüden schöpferischen Kraft und dem unermeßlichen Reichtum seines Herzens. So findet er eine gesunde Mitte zwischen Sentimentalismus und Brutalismus, zwischen weichlich spielerischer Nachgiebigkeit oder sinnlicher Naschsucht und erdrückender Übermacht und Unterdrückung des individuellen kindlichen Seins und Wollens. Er nimmt seine Kinder ernst, so wie sie wirklich sind, und so wie sie nach Gottes Plan sein und im Weltganzen sich auswirken sollen mit ihrer originellen gottgeprägten Eigenart und persönlichen Sendung, für die er sie formen und emporbilden darf.

So mag man verstehen, mit welchem Recht Pestalozzi in der *Vaterschaft* schlechthin den *tragenden Grund aller Erziehung* sieht und weshalb Siewerth Erziehung als "In - Gewahrnahme des Kindes in vaterschaftliche Verantwortung" definiert und zur Erklärung beifügt: Keine andere Bestimmung erreiche auch nur von ferne das Ursprüngliche, Genaue, Umfassende und Komplexe dieser Aussage.

Wie zur Reife der Frau – auch der unverheirateten – echte Mütterlichkeit, so gehört zum ganzen Mann ein hoher Grad unentwegter Väterlichkeit. Sie will nicht nur als Voraussetzung lebendiger Gotteserkenntnis gewertet und als "Verlängerung göttlicher Vaterschaft" aufgefaßt werden, sie bewahrt auch das menschliche Dasein vor Entartung und die Gesellschaftsordnung vor Zertrümmerung. Ja, ihr Mangel dürfte sich auf die Dauer für die Gesamtheit der Menschen gefährlicher auswirken als ein entsprechendes Defizit an Mütterlichkeit. Es genügt nicht, daß Männlichkeit durch Mütterlichkeit im Kulturganzen ergänzt und in Spannungseinheit gebracht wird, sie will und muß auch in sich selbst einen Ausgleich finden. Das geschieht durch den Reichtum der Väterlichkeit, die den Mann – um ein Wort von Lacordaire zu gebrauchen, das er auf den Priester anwendet – hart wie Diamant und zart wie eine Mutter macht.

Männlichkeit ohne Väterlichkeit wird zum Pfeil, der rastlos ins Unendliche strebt und nicht zum Ausgangspunkt zurückfindet, ... wird zum Arbeitspferd, das in ewiger Unrast plant und wirkt und wirkt und plant, wird zu einer auflösenden Macht, die nicht durch tiefe Verantwortung für Liebe und Leben bindet und verbindet, wird zur Zerstörungswut, die die Welt in einen Trümmerhaufen verwandelt. Der Mann, der nicht Vater ist, wird zur Bestie, zum Unmenschen, zum Mörder des Lebens und zum Totengräber einer ganzen Kultur. Da haben wir das Bild des Abendlandes vor uns und das Leitbild eines technisierten und kollektivisierten Zeitalters.

Väterlichkeit wird – ähnlich wie Mütterlichkeit – durch *Kindlichkeit* geweckt, sie wird, wo es sich um normale Familienverhältnisse handelt, genährt durch gleichgeschaltete Kindheitserlebnisse, in Ausnahmefällen wohl auch durch Kontrasterlebnisse; sie entfaltet sich zur Vollreife durch bewußtes Nachkosten der göttlichen Vorsehung im eigenen und fremden Leben.

Bei solcher Bedeutung der Väterlichkeit und Vaterschaft versteht man, weshalb alle Bewegungen, die eine neue Gesellschaftsordnung erstreben, die sich vom Naturgesetz und positiven Christentum löst, sich mit allen Mitteln gegen diesen Grundpfeiler des menschlichen Daseins und Ordnungsgefüges wehren und an seiner Zertrümmerung arbeiten. Solange er noch existiert, gibt es keine öde Gleichmacherei, keine "Gleichheit" und keine namenlosen, bloß numerierten Individuen und keine zuchtlosen Herden und Horden, die sich willig und gierig der

Peitsche und dem Zucker des Diktators beugen und den eigenen Schlächter vergötzen und verhimmeln. Umgekehrt darf man mit Sicherheit aus dem sieghaften Vorwärtsdrängen des Kollektivismus in aller Welt auf die Brüchigkeit dieses *Grundpfeilers der Weltordnung* schließen. Katastrophen von solchem Ausmaß haben ihre Geschichte; sie brechen nicht von heute auf morgen über die Menschheit herein. Jahrhunderte haben an ihrer Zusammenballung mitgewirkt und ihre schicksalhafte Entladung vorbereitet. Gotthard Montesi sucht in einem Artikel über "Die Austreibung des Vaters" die heutige vaterlose Zeit verständlich zu machen. Er schreibt: "Zu den Kennzeichen der Spätperiode der Neuzeit gehört die Revolte gegen den Vater. Die Schnelligkeit der gesellschaftlichen Entwicklung und der rasche Wechsel leitender Ideen verschärfte das Generationsproblem zu unversöhnlichen Gegensätzen. Haß und Aufstand gegen den verständnislosen, spießerhaften, tyrannischen Vater wird zu einem Lieblingsthema der Literatur des fin du siècle und nachher: Demokratisten, Anarchisten, Kollektivisten polemisieren gegen den Vater und seine Hegemonie; alle aus dem gleichen Grund: Sie müssen die väterliche Autorität stürzen, wenn sie ihre je verschieden nuancierte "Gleichheit" verwirklichen wollen. Dann traten die Psychoanalyseure gegen den Vater an: Kann man die väterliche Autorität drastischer diskutieren als durch die Lehre vom "Ödipuskomplex"? Was kann von ihrem Anspruch noch übrig bleiben, wenn das Verhältnis des Sohnes zum Vater auf den unbewußten traumatischen Eifersuchtshaß gegen den Vater als Sexualbesitzer der Mutter reduziert und nachher darauf "entwickelt" wurde? Zum Gemeinplatz der "gebildeten" Zeitungsleser geworden, hat dieses Theorem eine erschreckende Auflösungskraft entwickelt. Zu unguterletzt wurde der Vater durch die Karikatur der Lächerlichkeit preisgegeben; er löste die früher so beliebte Schwiegermutter als Witzblattfigur ab. Auch viele

Zerrgestalten der landläufigen "Humor"-Produktion, denen man diese Funktion nicht gleich ansieht, meinen stellvertretend den Vater. Aus der "großen Literatur" aber sind Vater-Sohn-Konflikte jetzt so gut wie verschwunden. Der Fall ist erledigt. Mit dem Vater, quantité negligeable, wird nicht mehr gekämpft, er wird übergangen."

Dann weist der Verfasser nach, daß das meiste Elend der Familie in unserer Zeit darauf zurückgeht, daß die Autorität des Vaters dahin ist: "Die Zersetzungs-erscheinungen in der Familie sind gewiß nicht allein, aber zum Großteil eine direkte Wirkung der Vaterlosigkeit: wie viele Familien haben nur noch einen "Mann" der Frau, der aber die Funktion eines Vaters, abgesehen von der biologischen, nicht mehr ausübt. Die "Demokratisierung" des Eherechts, die von den Gesellschaftsplanern "liberaler" und "sozialistischer" Observanz betrieben wird, zieht die Bilanz der Absetzung des Vaters und will diese zugleich vollständig und endgültig machen: nicht um die "rechtliche Gleichstellung der Frau" geht es ihnen zumeist in Wirklichkeit, das ist nur der humanitäre Vorwand, sondern um die Liquidierung der väterlichen Autorität. Und gibt es nicht "moderne" Richtungen in der Familienpädagogik, die sich sehr beflissen darum bemühen, ohne echte Autorität, vor allem ohne die des Vaters auszukommen? Sie finden ihren populären Niederschlag in der ebenso törichten wie anarchischen Zeitungs-, Film- und Romanfigur des Vaters, der sich sozusagen tarnt und nicht so sehr Vater als der "Kamerad" seiner Kinder sein will – also auf seine Autorität demokratisch verzichtet hat ...

Denn die Abwesenheit des Vaters – wir meinen hier auch ganz buchstäblich die Familienväter – von der Politik bedeutet das Hinwegfallen eines natürlichen Gliederungs- und Ordnungsprinzips der Gesellschaft, und zwar des wichtigsten. Wo es fehlt, wo die Väter als Väter (und nicht als Wahlstimmen) kein Wort mehr in den öffentlichen Dingen haben, wird die Gesellschaft atomisiert und schließlich zur gestaltlosen Masse. Dieser Zustand ist die Voraussetzung zur Etablierung der großen Kollektive: des Sekuritätsapparates, der total geplanten Sozialmaschine und des absoluten Staates. Daher müssen die Anhänger des Kollektivismus die "Vaterlosigkeit" der Gesellschaft herbeiführen, wo sie noch nicht besteht, und darum sind sie die unerbittlichsten Feinde des Vaters und somit der Familie. Erst wenn die Autorität der Väter, die zählebigste der eigenwüchsigen, naturrechtlich und ethisch begründeten und somit staatsunabhängigen Autoritäten, besiegt, erst wenn dieses starke Bollwerk der Freiheit der Person und der natürlichen personalen Gemeinschaft gefallen ist, erst dann kann die Sozietät vollmechanisiert und vom Schaltbrett einer obersten Planungskommission aus reguliert, also das Managerideal verwirklicht werden..."

Regierung und Politik entbehren der schöpferischen Kraft der Väterlichkeit. Wir können auch dafür sagen: der Nachbildung der besonderen göttlichen Vorsehung. Darum sind sie nicht fähig, den Ruin aufzuhalten und wahrhaft positiv aufbauende Arbeit zu leisten.

Aus dem oben Gesagten ergibt sich ohne weiters, welche Sorgfalt *eine Gemeinschaft, die sich berufen weiß, Welt und Kirche mit allen wesentlichen Grundpfeilern christlicher Gesellschaftsordnung glücklich ans andere Ufer bringen zu helfen,* der Rettung edler Väterlichkeit widmen muß. *Ohne Väterlichkeit gibt es keine Ruhe und Ordnung,* gibt es keinen Frieden in der Welt. Ohne Väterlichkeit scheint Gott, der mit dem Vaternamen angeredet sein möchte, nicht mit Wohlgefallen auf eine Welt herabzuschauen, auf der er vergebens Ausschau hält nach seinen Abbildern, die sich an Rückerts Wort orientieren:

"Ein Vater soll zu Gott an jedem Tage beten:
Laß mich dein Amt beim Kinde recht vertreten."

"Die Geschichte der Vaterschaft in der Familie ist die Geschichte der Kultur. Etwas von der Grundlosigkeit der Gottesliebe muß in der Vaterliebe sein, und je höher und deutlicher das fühlbar wird, umso höher wird das Kind in ihr einen Widerschein der göttlichen Liebe erkennen" (Kuckhoff).

Ist Väterlichkeit im ganzen Umfang der Seins- und Lebensordnung gesichert, so ist das ein gültiger Beweis, daß der natürliche und übernatürliche Bindungsorganismus auf der ganzen Linie in gottgefälliger Weise funktioniert.

J. Kentenich aus:
Studie 1952

Vision eines universellen Vaterreiches

Bei dieser tief in Gott verankerten Grundeinstellung vergißt *der irdische Vater* nicht, daß *seine Vaterschaft* – gemessen an der göttlichen – nur eine analoge, *nur eine übertragene* ist. Darauf macht der Herr ja unmißverständlich aufmerksam, wenn er bei Matthäus erklärt: "Auch sollt ihr auf Erden keinen aus euch Vater nennen. Nur einer ist euer Vater, der im Himmel ist" (vgl. Mt 23,9).

Danach *ist der ewige Vater allein im Vollsinn des Wortes Vater;* jede andere, jede irdische Vaterschaft – sowohl die blutmäßige als die geistige – ist es lediglich mit weitestgehender Einschränkung. Beide besagen also nicht dasselbe. Beide unterscheiden sich wesentlich voneinander. Beide dürfen darum nicht auf dieselbe Stufe gestellt werden.

Die Verbindung zwischen beiden vollzieht sich nach dem Gesetze der organischen Übertragung und Weiterleitung: das eine Mal von unten nach oben, das andere Mal von oben nach unten, ohne daß beide je voneinander zu trennen sind. Das besagt: Die *irdische Vaterschaft* darf die göttliche nicht verdunkeln und verdecken, noch viel weniger verdrängen und ersetzen und so in Vergessenheit geraten lassen. Im Gegenteil! Ihre Aufgabe besteht vielmehr darin, letztere in das rechte Licht zu setzen, sie zu stützen, zu schützen und zu sichern und fruchtbar zu machen. Die *göttliche Vaterschaft* darf aber auch die irdische nicht in einer Weise ausschalten oder ablösen, daß letztere ihren Transparentcharakter verliert und beide innerlich unverbunden, will heißen: mechanistisch nebeneinander stehen und bestehen.

Das Gleichnis vom verlorenen Sohn benutzt vorbildlich das irdische Vaterbild, um das göttliche verständlich zu machen. Und die *tagtägliche Erfahrung* bestätigt, wie weit *beide Bilder aufeinander angewiesen* sind, genauer: in welchem Ausmaß das irdische Bild das göttliche mitbestimmt, und welchen Einfluß das göttliche auf das menschliche hat. Beide teilen Los und Schicksal miteinander. Beide bedingen einander in vielfältiger Verschlungenheit und Durchdrungenheit.

Vom Einfluß des irdischen Vaterbildes auf das göttliche ist bereits die Rede gewesen.

Hier geht es mehr um die Kehrseite der Medaille: um die *Bedeutung des göttlichen Bildes für das irdische.* Was sich darüber – mit einem Seitenblick auf die heutige verwirrte und verworrene Lage – sagen läßt, kann man in zwei Thesen zusammenfassen.

Erste These:
Im Maße das göttliche Urbild schwindet, hat das irdische keinen letzten Halt und deshalb keine Zugkraft mehr.

Bodamer stellt fest, daß der moderne Mann kein Mann und deshalb kein Vater mehr ist, weil er über sich keinen Vater anerkennt. Dann fährt er fort:
"Das Problem der Väterlichkeit ist eine Frage des Verhältnisses zu Gott, den das technische Bewußtsein so vollständig aus sich eliminiert hat, daß er allenfalls noch ein Begriff, aber keine Wirklichkeit mehr ist, keine Person, zu der, wenngleich unsichtbar, man beten kann und vor der man sich zu verantworten hat. Die Gestalt des irdischen Vaters gibt es nur deshalb, weil der Vater aller Dinge, der uranfängliche Vater, ihn, den irdischen, dazu 'delegiert' hat, ihn beauftragte gemäß der Ebenbildlichkeit. Seitdem der Mann von heute selbst 'vaterlos' gewor-

den ist, hat er keine höhere Legitimation mehr, ist sich selbst überlassen, hat keinen Spiegel mehr, der ihm sein Bild zurückwirft und ihn korrigiert. Er ist nicht mehr Gleichnis des Urväterlichen, nicht mehr beauftragter Urheber, und deshalb eine zweideutige Gestalt geworden, sich selbst unverständlich, ohne innere Wucht und Sicherheit, ohne die selbstverständliche Gelassenheit des Überlegenen, der einem ihm Überlegenen dient, in seinem Auftrag handelt und sich ihm antwortend stellt. So ist er unfähig geworden, an den Sohn ein Erbe weiterzugeben, das heute, in der eigentums- und erfahrungslosen Gesellschaft, nur in der Übermittlung und Weitergabe von Väterlichkeit bestehen könnte. Jeder Sohn beginnt heute neu, so als hätte er keinen Vater gehabt. Wie sollte er auch vor seinem Vater Ehrfurcht empfinden, Ergriffenheit vor der Autorität und dem Geheimnis des Vaterseins, wenn er von diesem seinem Vater höchstens technische Lebenskniffe lernt und nur zu früh erfährt, wieviel Unsicherheit und Bodenlosigkeit sich hinter einer Weltanschauung tarnt, die nur 'diese Welt' (Der Mann von heute. Seine Gestalt und Psychologie, Herder-Taschenbuch 171, Freiburg 1964, S.140) kennt und gelten läßt?"

Hält man fest, daß die moderne Welt auf einer rasenden Flucht vor Gott begriffen ist, daß sie versucht, ihn mit allen Mitteln zu beseitigen und zu "töten", um den Menschen oder die Materie oder die Masse oder ein anderes Götzenbild an seine Stelle zu setzen, so versteht man, welche Folgerungen das für das irdische Vaterbild in heutiger Kultur haben muß...

Der Christ, der in solch "vaterloser" Zeitatmosphäre lebt und aufwächst, der nicht gleichzeitig ein starkes Gegengewicht in einer religiös verankerten Gemeinschaft kennt oder ein sorgfältig gepflegtes Innenleben lebt, muß damit rechnen, früher oder später von verheerenden Krankheitsbazillen, die durch die heutige Welt hindurchschwirren, angesteckt und fast unheilbar krank zu werden. Was man früher vom Heiligen Geist gesagt hat: er sei die unbekannte Gottheit der Christen, läßt sich heute mehr und mehr bis zu einem gewissen Grade auch vom Vatergott behaupten. Praktisch gilt der Vater in ungezählt vielen Kreisen tatsächlich als der unbekannte Gott. Wo man ihm wenigstens noch mit dem Munde seinen liebsten Ehrentitel – den Vaternamen – läßt, der stets mit großer Wärme von den Lippen des Heilandes klang, geschieht es zumeist aus Gewohnheit, ohne persönliche Beziehung, vor allem ohne innere Ergriffenheit vom väterlichen göttlichen Du.

Das alles ist auf dem dunklen Hintergrund der heutigen öffentlichen Meinung ohne weiteres verständlich. Es lassen sich auch viele andere Gründe dafür anführen Sie sollen nicht im einzelnen erörtert werden. Nur auf einen sei kurz hingewiesen.

Man erinnere sich daran, wie eine *Massengesellschaft*, die mechanistisch zusammengefügt ist, die keine Verbindung zwischen Erst- und Zweitursache und der Glieder untereinander nach den Gesetzen der organischen Übertragung und Weiterleitung kennt, naturnotwendig *alles entpersönlicht*. Sie entpersönlicht das göttliche und menschliche Du. Sie kennt im einen wie im andern Fall höchstens eine Es-, nicht aber eine Du-Liebe. Sie entpersönlicht und vermaßt auch das eigene Ich. Das alles offensichtlich auf Kosten des göttlichen und irdischen Vaterbildes.

Für unseren Zweck genügt die Feststellung der Tatsache, die ein Blinder mit Händen greifen kann. Sie begegnet uns in allen Gesellschaftskreisen und in allen Situationen. Wie häufig muß festgestellt werden: Weil die Christen sich nicht mehr genügend in einer warmen, gütigen und allmächtigen Vaterhand gehalten und geborgen wissen, brechen ungezählt viele unter den harten Hammerschlägen des heutigen Lebens zusammen und fallen modernen Häresien – offenen und geheimen – zum Opfer. Weiter: Wie selten finden sie in ihrem persönlichen Beten den Weg zum Vatergott...

Zweite These:
Sie folgt notwendig aus der ersten, die gleichzeitg ihre Begründung enthält. Sie lautet so:

Das Gesetz der geöffneten Tür und der schöpferischen Resultante rechtfertigt und fordert eine umfassende organische Vaterbewegung mit der ausgesprochenen Absicht zum Auf- und Ausbau eines universellen organischen Vaterreiches in der Welt.

Ehe die Studie auf Einzelheiten eingeht, erklärt sie einige Ausdrücke für die Leser, die in unserer Schönstattwelt nicht genügend beheimatet sind.

Das *Gesetz der geöffneten Tür* ist gleichbedeutend mit dem Motto: Vox temporis est vox Dei (Die Stimme der Zeit ist die Stimme Gottes). Daß Zeitnot und Zeitbedürfnis auf eine *Vaterbewegung* und auf ein *Vaterreich* als Ausdruck eines deutlichen Gotteswunsches hinweist, braucht nach obigen Ausführungen keine besondere Begründung mehr. Es dürfte ohne weiteres einsichtig sein.

Das *Gesetz der schöpferischen Resultante* weist auf die Schönstattbewegung hin, in der – wie gleich nachzuweisen ist – beides seit Jahren in einer Weise Wirklichkeit geworden ist, daß man darin – wenigstens in etwa – eine göttliche Besiegelung erblicken darf.

Mit Bedacht ist beide Male, wo es sich um Vaterbewegung und Vaterreich handelt, das Wort *"organisch"* beigefügt. Organische Vaterbewegung schließt – wie oben herausgestellt worden ist – *göttliche und irdische Vaterschaft* in sich. Im einen wie im anderen Fall ist die Verbindung mit allen übrigen in der Seinsordnung begründeten Mitfaktoren gleichzeitig mitgemeint; will deswegen auch mitverstanden werden. Das alles aber alle Male nach dem Gesetze der organischen Übertragung und Weiterleitung. Unter diesem Gesichtspunkte will *irdische Vaterschaft* nicht zuletzt *im organischen Zusammenhang mit Mutterschaft und Kindschaft* gesehen werden. *Göttliche Vaterschaft* will u.a. nicht gelöst von ihrem wesentlichen *Grundverhältnis zum Heiligen Geist, zum eingeborenen menschgewordenen Gottessohn und zu dessen amtlicher Dauergefährtin* und Dauerhelferin beim gesamten Erlösungswerk (*sowie der Engel und Heiligen insgesamt*) gesehen und gewertet werden.

Die *liturgische und biblische Bewegung*, die durch das Konzil stark in den Vordergrund gerückt wurde, bietet an sich überaus wertvolle Ansatzpunkte zu der gekündigten organischen Vaterbewegung und Vaterreichbewegung. Es kommt nur darauf an, ob und wieweit es glückt, die fruchtbaren Ansatzpunkte aufzugreifen und sich für ihre seins- und zeitgerechte Entwicklung einzusetzen...

Das liturgische Richtungsgesetz mag im liturgischen Beten genügend zum Ausdruck kommen. Ob es aber auch das praktische Leben formt? Die Erfahrung beweist das Gegenteil. Es gibt nur spärliche Ansätze in der liturgischen Bewegung, die sich mit der *Patrozentrik des gesamten christlichen Lebens* ernst auseinandersetzen.

Ein Gleiches läßt sich von der *biblischen Bewegung* sagen. Die Evangelien zeigen überaus eindeutig, daß der Heiland in seinem Leben und Wirken nur ein einziges großes Ziel kannte: Siehe, Vater, ich komme, Deinen Willen zu erfüllen! (Hebr 10,7.9)

Unsere zur Verfügung stehende Schönstatt-Literatur bringt dafür so viele Belege, daß hier von weiteren Ausführungen mit Recht Abstand genommen werden kann. Wir dürfen es auch deswegen tuen, weil sie durchweg das Lebensgefühl der einzelnen Mitglieder beherrschen.

Ob das aber auch anderswo der Fall ist? Gewissenhafte Überprüfung rechtfertigt auch in diesem – ähnlich wie vorher – das Urteil: von einer ausgesprochenen, von einer organischen Vaterbewegung in unserem Sinne ist nirgendwo eine Spur zu finden.

Nirgendwo: d.h. außerhalb Schönstatts. Soweit unsere Erfahrung reicht, ist eine solche Bewegung nur im Raume Schönstatts heimisch geworden. Sie beherrscht sogar in einer Weise nicht nur das Beten, sondern auch das Gesamtleben der Familie, daß ihr gegenüber die marianische Bewegung in den Hintergrund tritt. Jedenfalls ist letztere für ihre Entfaltung nicht nur kein Hindernis geworden; im Gegenteil: sie scheint in ihr das letzte Ziel erreicht zu haben. Sie sieht in ihr eine wesentliche Aufgabe darin, die organische Vaterbewegung, die sie erzeugt, ständig sorgsam zu nähren, unentwegt zu stützen und zu schützen und den Weg dorthin offenzuhalten, um ihr einen Siegeszug durch die heutige Zeit zu ermöglichen.

J. Kentenich, aus:
Studie 1964

Namensverzeichnis

Sachverzeichnis

Durch Christus im Heiligen Geist zum Vater

In diesem 3. Band wurde auf manche für das Thema wertvolle Texte verzichtet mit Blick darauf, daß ähnliche Gedanken sich bereits in den Textsammlungen zum Christus- und Heilig-Geist-Jahr finden.

Die folgenden Hinweise regen an, die entsprechenden Texte aus den ersten beiden Bänden ergänzend hinzuzunehmen. Titel, die in der Aufstellung kursiv geschrieben sind, bezeichnen Ausschnitte von Textpassagen, denen hier eine neue Überschrift gegeben wurde.

(Bd. I: Christus mein Leben. Bd. II: Vom Geist bewegt)

Quellennachweis

I. Vaterbotschaft Jesu

Jesus kündet Gott als Vater
J. Kentenich, aus: Gotteskindschaft, 1.6.1922. Fortführungstagung für Theologen (nicht ediert), S.17-18

Ausgesprochene Vaterzüge im Gottesbild Jesu
J. Kentenich, aus einer nicht edierten längeren Abhandlung, zitiert in: J. Kentenich, Texte zum Vorsehungsglauben, Patris-Verlag, Vallendar-Schönstatt 1970, S. 93-99

Vatersendung Jesu
J. Kentenich, aus: Vortrag für die Schönstattfamilie, Heiligen Abend 1967, (nicht ediert), S. 17-27

Das Vaterunser als Gebetsschule
J. Kentenich, aus: Vortrag für Schönstätter Marienschwestern 8.3.1933, (nicht ediert), S. 205-208

Die Liebe des Vaters zum verlorenen Sohn
J. Kentenich, aus: Vortrag für Ehepaare in Milwaukee, USA, 26.6.1961 (ders., Am Montagabend, Bd. 21, Schönstatt-Verlag, Vallendar-Schönstatt 1996, S. 253-255)

Gotteskindschaft im Neuen Testament
J. Kentenich, aus: Brief-Studie an Joseph Schmitz, 1952 (ders., Das Lebensgeheimnis Schönstatts, Bd. 2, Patris Verlag, Vallendar-Schönstatt 1972, S. 28-31)

Die barmherzige Vaterliebe Gottes
J. Kentenich, aus: Vortrag für Führungskreise der Schönstattfamilie, 8.12.1965 vormittags (ders., Romvorträge, Bd. 3, S. 143-146, nicht ediert)

Heimwärts zum Vater als Ausrichtung der Heilsgeschichte
J. Kentenich, aus: Tagung 1946 (ders., Das katholische Menschenbild, S. 140-144; wird 1998 im Schönstatt-Verlag veröffentlicht)

II. Väterliche Vorsehung

Dreifache Vorsehung des Vatergottes
J. Kentenich, aus: Exerzitien für die Patres der Missionsgesellschaft Bethlehem in Immensee (Schweiz), 1937 (ders., Kindsein vor Gott, Patris Verlag, Vallendar-Schönstatt 1979, S. 297ff)

Krise des Vorsehungsglaubens heute
J. Kentenich, aus: Studie 1952/53 (ders., Texte zum Vorsehungsglauben, Patris Verlag, Vallendar-Schönstatt 1970, S. 108ff)

Leiden an der Unbegreiflichkeit Gottes
J. Kentenich, aus: Chroniknotizen 1957 (ders., Texte zum Vorsehungsglauben, Patris Verlag, Vallendar-Schönstatt 1970, S. 74-77)

Berechtigte "Los-von-Gott-Bewegung"
J. Kentenich, aus: Delegiertentagung der Schönstattfamilie 14.-18.10.1967 (ders., Okt.woche 1967, Manuskript, S. 86-89)

Weltgrundgesetz der Liebe
J. Kentenich, aus: Priesterexerzitien für die Patres der Missionsgesellschaft Bethlehem in Immensee (Schweiz), 1937 (ders. Kindsein vor Gott, Patris Verlag, Vallendar-Schönstatt 1979, S. 44-47)

Ein Narr der Liebe
J. Kentenich, aus: Vortrag für Schönstätter Marienschwestern in Nueva Helvetia/Uruguay, 3.9.1949, (nicht
ediert)

Lieblingsbeschäftigung Gottes
J. Kentenich, aus: Tagung für den Schönstatt-Frauenbund
1950 (ders., Bundestagung 1950, S. 118-125, nicht ediert)

Das geheimnisvolle Gewebe des Liebesplans
J. Kentenich, aus: Predigt für die deutsche Gemeinde in
St. Michael in Milwaukee, USA, 25.12.1964 (ders., Aus
dem Glauben leben, Bd. 15, Patris Verlag, Vallendar-
Schönstatt 1988, S. 183-ff)

III. Vorerlebnisse im Blick auf Gottes Vaterschaft

Transparente des unsichtbaren Vatergottes
J. Kentenich, aus: Studie für Schönstätter Marienschwestern aus dem Gefängnis, Januar 1942 (ders. Sponsa-
Gedanken, zitiert nach ders., Texte zum Vorsehungsglauben, Patris Verlag, Vallendar-Schönstatt 1970, S.
160ff)

Notwendigkeit von Vorerlebnissen
J. Kentenich, aus: Vortrag am 2.10.1966 an die Männerliga (ders., Unsere Hoffnung sind die Väter, hrsg. von der
Zentrale der Schönstatt-Männerbewegung, 1974, S. 108-
109)

Das Vatererlebnis als Wurzel des Gottesglaubens
J. Kentenich, aus: Vorträge der Pädagogischen Tagung
1951 (ders., Daß neue Menschen werden. Eine pädagogische Religionspsychologie. Schönstatt-Verlag, Vallendar-
Schönstatt 1971, S. 24 ff.)

Vom Hängen am Menschen zum Hängen an Gott
J. Kentenich, aus: Vortrag für den Führungskreis der
Schönstatt-Mädchenjugend, 19.8.1967 (ders., Es geht
dich an, Bd. 2, als Manuskript hrsg. vom Sekretariat der
Schönstatt-Mädchenjugend, S. 178-181)

Der Weg zum Vatergott bei der kleinen heiligen Theresia
J. Kentenich, aus: Vorträge der Pädagogischen Tagung
1951 (ders., Daß neue Menschen werden. Eine pädagogische Religionspsychologie, Schönstatt-Verlag, Vallendar-
Schönstatt 1971, S. 46-50)

Symbol für den lächelnden Vatergott
J. Kentenich, aus: Vortrag für Marienschwestern,
15.6.1966 (nicht ediert)

Orientierung am Vatersein Gottes
J. Kentenich, aus: Vorträge der Pädagogischen Tagung
1950 (ders., Grundriß einer neuzeitlichen Pädagogik für
den katholischen Erzieher, Schönstatt-Verlag, Vallendar-
Schönstatt 1971, S. 210-213; 216-217)

IV. Leben mit dem Vatergott

Dem Vater kindlich vertrauen
J. Kentenich, aus: Exerzitien für die Patres der Missionsgesellschaft Bethlehem in Immensee (Schweiz), 1937
(ders., Kindsein vor Gott, Patris Verlag, Vallendar-Schönstatt 1979, S. 423 ff)

Den Erbarmungen Gottes nachgehen
J. Kentenich, aus: Vortrag für Schönstätter Marienschwestern, 16.3.1938 (nicht ediert)

Mit dem Vatergott leben lernen
J. Kentenich, aus: Vortrag anläßlich seines Besuches in Oberkirch, 3.9.1967 (ders., Victoria Patris, Vortrag von P. Kentenich, 3.9.1967, hrsg. von der Schönstattfamilie der Erzdiözese Freiburg, o. J.)

Überall die Vaterhand Gottes spüren
J. Kentenich, aus: Vortrag für Ehepaare in Milwaukee, USA, 5.6.1962 (ders., Am Montagabend, Bd. 21: Unser Leben im Licht des Glaubens, Schönstatt-Verlag, Vallendar-Schönstatt 1996, S. 182-185)

Den "Lift" der Kindlichkeit nutzen
J. Kentenich, aus: Vortrag für Führungskreise der Schönstattfamilie, 27.11.1965 (ders., Rom-Vorträge, Bd. 2, S. 147 ff, nicht ediert)

Das Leben als Spiel der Liebe verstehen lernen
J. Kentenich, aus: Predigt für die deutsche Gemeinde St. Michael in Milwaukee, USA, 6.6.1965 (ders., Aus dem Glauben leben, Bd. 17, Patris Verlag, Vallendar-Schönstatt 1988, S. 178-183)

Wie Christus dem Vater Freude machen
J. Kentenich, aus: Vortrag für Schönstätter Marienschwestern, 6.11.1935, S. 183-187, (nicht ediert)

V. Schönstatt und seine patrozentrische Sendung

Vaterfamilie
J. Kentenich, aus: Vortrag für Schönstätter Marienschwestern, 3.5.1966 (ders., Unsere marianische Sendung, Gründerworte auf der Liebfrauenhöhe, o.J.)

Doppelte Vaterströmung
J. Kentenich, aus: Ansprache in Florencio Varela, Argentinien, 19.3.1952 (nicht ediert)

Tiefere Gründe für das geschichtliche Werden
J. Kentenich, aus: Aussprache in Milwaukee, USA, 31.10. 1964 (nicht ediert)

Vom Liebesbündnis mit Maria zum Liebesbündnis mit dem Vatergott
J. Kentenich, Vortrag in Köln am 30.10.1966, anläßlich der Enthüllung des Vatersymbols (ders., Bündnis mit dem Vatergott, S. 59-60, als Manuskript hrsg. von der Schönstattfamilie der Erzdiözese Köln, 1972)

Theologische und psychologische Gründe
J. Kentenich, aus: Vortrag für Theologen, 7.1.1963 (nicht ediert)

Sendung der Gottesmutter und Zeitnot
J. Kentenich, aus: Delegiertentagung der Schönstattfamilie, 14.-18.10.1967 (ders., Oktoberwoche 1967, Manuskript)

Verwurzelung in der natürlichen Ordnung
J. Kentenich, aus: Brief-Studie an Joseph Schmitz, 1952 (ders., Das Lebensgeheimnis Schönstatts, Bd. 2, Patris Verlag, Vallendar-Schönstatt 1972, S. 133 ff.)

Das Vaterproblem der Neuzeit
J. Kentenich, aus: Studie 1964 (nicht ediert)

Vaterprinzip – Grundpfeiler der Gesellschaft
J. Kentenich, aus: Studie 1952 (nicht ediert), zitiert nach: REGNUM 1975, S. 80 ff.

Vision eines universellen Vaterreiches
J. Kentenich, aus: Studie 1964 (nicht ediert)

Bildnachweis

S.15, Schönstätter Marienschwestern, Berg Schönstatt
S. 49, Schönstätter Marienschwestern, Berg Schönstatt
S. 75, Foto: Jakob Boos, Berg Sion 1, Vallendar
S. 99, Foto: Peter Wolf, Berg Moriah, Simmern
S. 121, Foto: Peters, Mülheim

Texte von Joseph Kentenich

Christus mein Leben
Ausgewählte Texte zum Christus-Jahr 1997
In seinem Apostolischen Schreiben "Tertio millennio adveniente" lädt der Papst die ganze Kirche ein, sich auf die 2000-Jahr-Feier der Geburt Jesu Christi vorzubereiten. Dieser Einladung folgend, wird hier erstmalig eine Auswahl zum Teil bisher nicht veröffentlichter Texte von P. Joseph Kentenich vorgelegt, die zentrale Linien und Anliegen seiner Christusverkündigung zu Wort bringen.
172 S., kt.

Vom Geist bewegt
Ausgewählte Texte zum Heilig-Geist-Jahr 1998
In seinem Apostolischen Schreiben "Tertio millennio adveniente" lädt der Papst die ganze Kirche ein, sich auf die 2000-Jahr-Feier der Geburt Jesu Christi vorzubereiten. Erstmalig wird eine Auswahl zum Teil bisher nicht veröffentlicher Texte von P. Kentenich vorgelegt, die zentrale Anliegen seiner Heilig-Geist-Verkündigung zu Wort bringen.
188 S., kt.

Aus dem Glauben leben
Predigten in Milwaukee / USA
Band 1-17
In der Reihe "Aus dem Glauben leben" werden Predigten veröffentlicht, die Pater Joseph Kentenich, als Seelsorger der Deutschen Gemeinde in Milwaukee gehalten hat. Viele Grundfragen des Menschen kommen darin zur Sprache.

Aus den Menschen – Für die Menschen

Predigten über das Priestertum, Sonderband der Reihe "Aus dem Glauben leben".

Viele sehen das Priestertum in der katholischen Kirche in der Krise. In diesem Buch wird ein glaubwürdiges Priesterbild dargestellt. Dieser Band – zum 60jährigen Priesterjubiläum P. Kentenichs erschienen – enthält fünf Primizpredigten. Mit Klarsicht und Mut stellt er sich den Problemen des katholischen Priestertums in unserer Zeit. Für Pater Kentenich war das Priestertum eine aus dem Jenseits in die diesseitige Welt hineinragende, übernatürliche Wirklichkeit.
2. Aufl.,116 S., Ln.

Kindsein vor Gott

Exerzitien für Priester
Bearbeitet von Günther M. Boll und Lothar Penners
534 S., kt.

Marianische Erziehung

Pädagogische Tagung.
Bearbeitet von Franz Lüttgen

Die Grundthese der Vortragsreihe lautet: "Erleuchtete Marienverehrung ist das große Mittel, um eine tiefgreifende und umfassende Glaubensbewegung im Volk zu schaffen." Dabei werden wesentliche Fragen einer modernen Pastoral behandelt, die auf tief verwurzeltes Glaubensleben mündiger Christen in einer pluralistischen Gesellschaft ausgerichtet ist. Es zeigt sich, wie gesunde Marienverehrung sowohl für breite Volksschichten, wie auch für intellektuelle Kreise dabei eine wesentliche Rolle spielt.
286 S., kt.

Neue Väter – Neue Welt
Hrsg. und kommentiert von Heinrich Puthen
100 S., kt.

Texte zur Ostsendung
Hrsg. und eingeleitet von Rudolf Chrysostomus Grill
Eine umfangreiche Sammlung von Texten über den
"Osten" aus den Schriften von P. Kentenich. Was er mit
"Osten" meinte, ist nicht primär politisch, sondern heils-
geschichtlich gesehen: Das Wirken Gottes in der Heils-
geschichte, beginnend beim Volke Israel, der Weg des
Evangeliums Christi zu den Völkern, das gottgewollte
Zueinander des morgenländischen und abendländischen
Christentums.
283 S., kt.

Texte zum Verständnis Schönstatts
Hrsg. und eingeleitet von Günther M. Boll
Die hier gesammelten Texte stammen aus verschiedenen
Etappen der Geschichte Schönstatts. Sie versuchen
Antwort zu geben auf Fragen, die interessierten und für
die Sache der Kirche engagierten Beobachtern kommen,
wenn sie dem "Phänomen Schönstatt" begegnen. Drei
Grundüberzeugungen ziehen sich durch alle Erklärungs-
versuche und Stellungnahmen P. Kentenichs: die Überzeugung von Schönstatt als einem Gotteswerk – als einer
Glaubensschule für Christsein heute – und als einer emi-
nent pädagogischen Bewegung.
234 S., kt.

Texte zum Vorsehungsglauben
Hrsg. von August Ziegler, nach Gedanken von
P. J. Kentenich
Das Buch geht drei Hauptfragen nach, die sich im
Hinblick auf den Vorsehungsglauben stellen:
• Welches ist der objektive Inhalt des Glaubens an Gottes
Vorsehung?
• Was bedeutet dieser Glaube für den Menschen, beson-
ders für den Menschen unserer Zeit?
• Wie muß sich dieser Glaube im täglichen Leben aus-
wirken?
3. Auflage, 249 S., kt.

Vollkommene Lebensfreude
Priesterexerzitien
Bearb. von Michael Joh. Marmann und Georg M. Ritter
Lebensfreude ist das Wunschziel des Menschen. Jeder
lebt, will leben – aber der Zweifel scheint tief zu sitzen, ob
es richtiges, volles, zukunftsträchtiges Leben ist. Vor-
liegendes Buch enthält die Vorträge eines Exerzitien-
kurses für Priester, den Pater Kentenich 1934 gehalten hat.
476 S., Sn.

Herbert King, Hrsg.
Joseph Kentenich – ein Durchblick in Texten
In Freiheit ganz Mensch sein
Die Textsammlung macht zentrale Themen des Denkens
Pater Kentenichs zugänglich. Der erste Band befaßt sich
mit der kentenichschen Leitidee vom "neuen Menschen".
Dabei geht es um die Vollentfaltung der religiösen, geisti-
gen, seelischen und leiblichen Kräfte des Menschen.
Besonders typisch für dieses Konzept ist die gegenseitige
Durchdringung von Menschlichem und Göttlichem. Für
die Entfaltung der menschlichen Ganzheit ist Freiheit eine

wichtige Voraussetzung. Freiheit und Ganzheit zeigen sich so als wichtige Stichworte des anthropologischen Denkens Pater Kentenichs.
532 S., kt.